La poésie
à travers les âges

ÉCOLE
Jeannine Manuel

43 - 45 Bedford Square
WC1B 3DN London

École Jeannine Manuel UK
Company number 904998

À Olivier, Armand, Léopold et Pauline
qui me promènent en poésie.

© 2002 Flammarion pour la première édition
© 2014 Flammarion pour la présente édition
Éditions Flammarion – 87, quai Panhard-et-Levassor – 75647 Paris Cedex 13
ISBN : 978-2-0812-8704-4 — ISSN : 1275-6008

La poésie
à travers les âges

MAGALI WIÉNER

CASTOR DOC Flammarion

SOMMAIRE

INTRODUCTION

«Mignonne, allons voir si la rose… »,
« Les sanglots longs/Des violons… ».
Nous avons tous en tête quelques vers appris
sur les bancs de l'école, une douce musique
qui semble ne jamais s'éteindre.
Cet ouvrage propose de replacer ces célèbres
poèmes dans leur contexte historique et
littéraire. Il s'agit de tracer l'histoire de la poésie
de l'aède grec au poète contemporain, en passant
par les poètes de cour et les poètes maudits.
C'est un historique riche et varié qui tente
d'embrasser l'évolution de la poésie d'Homère
à René Char.
Nous nous sommes intéressés à parcourir les

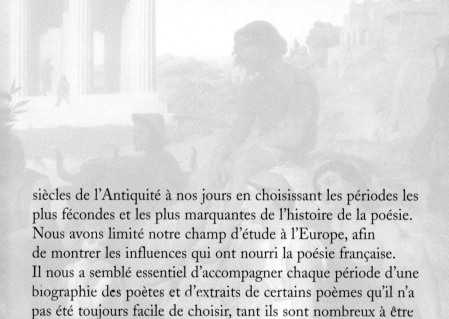

siècles de l'Antiquité à nos jours en choisissant les périodes les
plus fécondes et les plus marquantes de l'histoire de la poésie.
Nous avons limité notre champ d'étude à l'Europe, afin
de montrer les influences qui ont nourri la poésie française.
Il nous a semblé essentiel d'accompagner chaque période d'une
biographie des poètes et d'extraits de certains poèmes qu'il n'a
pas été toujours facile de choisir, tant ils sont nombreux à être
représentatifs de telle ou telle école.
Tenter de dresser l'histoire de la poésie, c'est aussi réfléchir
sur les contraintes liées à cet art. Pour mieux les comprendre,
nous donnons des définitions précises qui permettront d'étudier
un poème dans sa subtilité et son originalité.
Que ce livre aiguise la curiosité de chacun et donne l'envie
de découvrir plus avant les richesses inépuisables de la poésie.

1

LA GRÈCE ANTIQUE

Du VIIIᵉ au IIIᵉ siècle avant J.-C.

Une poésie orale

Le goût des hommes pour la poésie précède l'apparition de l'écriture qui a permis de conserver une trace de ces premiers récits composés en vers. La poésie semble être un divertissement de choix, prisé par les rois.

Dans la vaste salle du palais, les accords de la lyre ou de la cithare accompagnent le rhapsode qui récite de mémoire de longs chants. Il raconte ainsi des récits héroïques ou les aventures des dieux, des scènes de combat ou d'émouvantes retrouvailles. Le public est sous le charme, comme hypnotisé par l'immense pouvoir des mots.

Rhapsode signifie, en grec, « le couseur de vers. »

La naissance de l'épopée

Au VIIIᵉ siècle avant J.-C., Homère compose en vers (hexamètres dactyliques) deux grandes épopées, l'*Iliade* et l'*Odyssée*, qui marquent le commencement de la littérature grecque.

Le poète – les Grecs disent aède – agence les mots, choisit les sonorités afin de trouver la mélodie qui illustre au mieux les scènes qu'il veut donner à voir. Ces deux épopées homériques sont les références majeures de la littérature occidentale.

L'épopée est un long poème qui raconte les exploits d'un héros, vante son courage et sa vaillance. l'*Iliade*, l'*Odyssée*, l'*Énéide* et *La Chanson de Roland* qui date du Moyen Âge sont les plus connues.

Les mots poésie, poète, poème viennent du grec *poieïn* qui signifie faire, créer. Le poète est « faiseur » de vers.

Homère, *Jean-Baptiste Auguste Leloir, XIXᵉ siècle. Huile sur toile, musée du Louvre, Paris.*

LES DEUX ÉPOPÉES HOMÉRIQUES

L'Iliade *et l'*Odyssée *sont deux longs poèmes – environ 15 000 vers pour le premier, 12 000 pour le second –* **écrits par Homère***, qui racontent deux histoires dont l'action se déroule pendant et après la guerre de Troie (vers 1200 av. J.-C.).*

Ils ont été **la base de l'éducation des Grecs** *pendant plusieurs siècles. Les élèves apprenaient par cœur de longs passages qui servaient ensuite pour l'enseignement de la morale et des vertus à observer ; Ulysse apparaissait comme un modèle tant pour son courage infaillible que pour son ingéniosité et sa constance face aux dangers rencontrés.*

Ces deux épopées et les **nombreux épisodes remarquables** *qui les constituent n'ont cessé d'inspirer de nombreux auteurs, compositeurs, sculpteurs et peintres de l'ère moderne.*

Parmi les épisodes qui restent gravés dans les mémoires de nombreux lecteurs, on peut citer les adieux d'Hector à Andromaque, les supplications de Priam venu chercher son fils auprès d'Achille, les retrouvailles entre Pénélope et Ulysse après vingt ans d'absence.

➜ L'*Iliade* : La guerre de Troie, qui oppose les Grecs aux Troyens, dure depuis neuf ans déjà et Achille, vaillant guerrier grec, refuse toujours de combattre : il s'est querellé avec Agamemnon, le chef de l'armée grecque, au sujet d'une femme, Hélène. La mort de son ami, Patrocle, tué par Hector, le fils du roi de Troie, va mettre fin à sa colère et le pousser à reprendre les armes. Pour se venger et calmer sa douleur, il tue Hector et traîne son corps pendant douze jours autour de la tombe de Patrocle. Le récit s'achève quand Achille accepte de rendre le corps d'Hector à son père, Priam, le roi de Troie. Les Grecs ont remporté la victoire.

→ **L'*Odyssée*** : Après la guerre de Troie, Ulysse prend la mer pour rentrer chez lui à Ithaque où l'attendent sa femme, Pénélope, et son fils, Télémaque. Son voyage dure dix ans car le dieu de la mer, Poséidon, s'oppose à son retour. Ses aventures sont nombreuses : le combat contre le Cyclope, le séjour chez la magicienne Circé, le chant des sirènes, la descente aux Enfers, l'amour de Calypso ou encore le massacre des prétendants.

L'Odyssée. L'aventure avec les sirènes. Python (IVᵉ s. av. J.-C.).

L'ÉPREUVE DE L'ARC
HOMÈRE

De retour à Ithaque, Ulysse affronte les prétendants pour défendre son trône.

Or, tandis que parlaient les prétendants, Ulysse plein de ruses avait équilibré le grand arc et tout examiné. Comme un aède, expert en cithare et en chant, tend aisément une corde sur une cheville neuve, ajustant aux deux bouts la corde de boyau bien tordu, c'est ainsi que sans effort, Ulysse arma le grand arc ; de la main droite il pinça la corde qui chanta juste, comme un cri d'hirondelle. Une grande terreur s'empara des prétendants, ils blêmirent ; Zeus déclencha un violent coup de tonnerre et Ulysse se réjouit de ce signe. Il prit la flèche rapide, déjà posée sur la table, les autres étaient restées dans le carquois et les Achéens allaient pouvoir bientôt en goûter. La posant contre la poignée de l'arc, il tira à lui l'empennage et la corde, de sa place, assis sur son siège. Visant droit il décocha son trait, sans manquer le premier anneau des haches. Sans dévier, la flèche, lourde de bronze, passa à travers toutes les haches.

Ulysse à Ithaque, *d'après Primatice, fin du XVIe siècle.*
Musée national du château de Fontainebleau.

Le poète, un homme inspiré

Choisi par les dieux pour révéler le monde, le poète séduit et charme ceux qui le lisent ou l'écoutent, il embellit la nature, grandit les hommes et sait exprimer avec finesse et justesse leurs sentiments. Interprète des dieux auprès des hommes, il est en relation directe avec les muses qui guident sa création, l'inspirent. Pour cette raison, on peut le dire immortel.

Platon, le grand philosophe grec, écrit : « Le poète est chose ailée et sacrée, et il ne peut créer avant de sentir l'inspiration, d'être hors de lui et de perdre l'usage de la raison. »

Comprendre le monde, aider les hommes

D'autres formes poétiques apparaissent, parallèlement à la poésie épique, elles permettent d'exprimer des sentiments, de faire dialoguer des personnages, de vanter les mérites de la nature, de s'interroger sur la marche du monde, ou même de décrire la vie quotidienne des paysans.

On parle notamment de poésie lyrique (qui exprime les sentiments), de poésie didactique (qui donne un enseignement), de poésie dramatique (pour le théâtre).

Hésiode explique, dans son poème la *Théogonie*, l'organisation du monde de son origine (apparition du Ciel et de la Terre) à la place des dieux qui le gouvernent. Il essaie ainsi de montrer aux hommes les valeurs morales qu'ils doivent respecter. Pour compléter ce tableau, il écrit un second poème, *Les Travaux et les Jours*, dans lequel il donne des conseils pour les travaux des champs ou pour la navigation. C'est une poésie très éloignée des récits héroïques, qui chante le quotidien

LES NEUF MUSES

Les neuf Muses sont les filles de Zeus et de Mnémosyne (la Mémoire). Déesses ailées, demeurant sur le mont Hélicon en Béotie, elles gouvernent les arts nobles, la musique et la littérature, et protègent certaines sciences : l'histoire, l'astronomie ou la philosophie.
Elles ont pour maître Apollon avec lequel elles dansent lors des fêtes données sur l'Olympe.

C'est pour rendre hommage aux Muses que Ptolémée Ier, au IIIe s. avant J.-C., nomme Musée un lieu extraordinaire qui rassemble toutes sortes d'œuvres d'art.

Chaque Muse est **protectrice d'un domaine.**
Calliope, « à la voix harmonieuse » : la poésie épique
Clio, « célébrée » : l'histoire
Érato, « aimable » : le chant choral
Euterpe, « gaieté » : la flûte
Melpomène, « chant » : la tragédie
Polymnie, « plusieurs chants » : la pantomime et le chant religieux
Terpsichore, « joie de la danse » : la poésie légère et la danse
Thalie, « abondance, bonne chère » : la comédie
Uranie, « céleste » : l'astronomie

Apollon et les neuf Muses, *Balthazar Peruzzi, huile sur bois, 1520, Palais Pitti, Florence.*

des hommes qui travaillent. Hésiode innove surtout en parlant de lui, il dit « je » et évoque sa relation aux Muses. C'est la première forme de poésie personnelle.

La poésie chantée

Entre le VIIIᵉ et le Vᵉ siècle avant J.-C., les poètes abandonnent progressivement l'hexamètre au profit de vers plus courts qui sont chantés par une ou plusieurs personnes (un chœur) lors de fêtes ou de banquets. La poésie personnelle s'épanouit et permet au poète d'exprimer son amour, ou ses souhaits pour vivre un monde meilleur.

Les instruments sont le plus souvent la lyre (la poésie lyrique) et la flûte (la poésie élégiaque).

Venus des villes et des îles

Le goût de la poésie s'étend de l'Asie Mineure, région d'Homère, à toute la Grèce. Les poètes font rapidement la gloire de leur cité (Athènes, Mégare, Thèbes, Sparte) ou de leur île (Lesbos, Mytilène, Paros, la Sicile). Protégés par des puissants, ils enseignent, à leurs disciples, l'art de la poésie.

Nous connaissons assez mal l'œuvre de ces poètes, il ne nous est parvenu souvent que des extraits, des fragments voire de simples citations isolées.

La poésie au féminin

La tradition antique aime à dire qu'il y avait neuf poétesses – le même nombre que les Muses qui s'adonnèrent à la poésie entre le VIᵉ et le IIIᵉ siècle avant J.-C. La plus connue est Sappho de Lesbos

Voici le nom des huit poétesses qui eurent une bien moins grande renommée que Sappho : Erinna, Corinne et Myrtis de Thèbes, Télésilla d'Argos, Praxilla, Anyté, Nossis et Moerô.

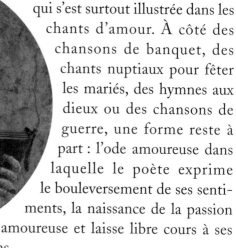

qui s'est surtout illustrée dans les chants d'amour. À côté des chansons de banquet, des chants nuptiaux pour fêter les mariés, des hymnes aux dieux ou des chansons de guerre, une forme reste à part : l'ode amoureuse dans laquelle le poète exprime le bouleversement de ses sentiments, la naissance de la passion amoureuse et laisse libre cours à ses émotions.

Portrait de jeune fille dit de « Sappho », Pompéi, Ier siècle apr. J.-C. Fresque, Musée archéologique national, Naples.

Sappho (VIIe-VIe s. av. J.-C.) excelle dans cette façon, très féminine, d'évoquer les affres de l'amour, les douleurs de la jalousie et la volupté des corps.

Un poème de Sappho

[...] *Il est pareil aux dieux, l'homme qui te regarde,*
Sans craindre ton sourire, et tes yeux, et ta voix,
Moi, je tremble et je sue, et ma face est hagarde
Et mon cœur aux abois...
La chaleur et le froid tour à tour m'envahissent ;
Je ne résiste pas au délire trop fort ;
Et ma gorge s'étrangle et mes genoux fléchissent,
Et je connais la mort...

Chanter l'exploit et la mort

Les exploits des athlètes lors des Jeux olympiques ou la victoire des soldats qui affirme la suprématie d'une cité sur une autre sont aussi l'occasion

LES FIGURES PROTECTRICES

La poésie peut tout dire, mais elle doit toujours être **une parole sacrée**, inspirée par les dieux. **Deux figures de l'Olympe** aident le poète à forger ces harmonies magiques : l'une dans l'ivresse et la passion, c'est Dionysos, l'autre dans la mesure et la recherche de la vérité, c'est Apollon. Il manque cependant celui qui donnera au poète les accents douloureux de sa complainte amoureuse, c'est **un mortel**, Orphée.

➔ **Apollon :** Fils de Zeus et de Léto, **dieu de la lumière et de la beauté**, il est soucieux de dévoiler aux hommes les connaissances nécessaires à la bonne compréhension du monde. La poésie qu'il inspire s'intéresse à percer le mystère des éléments et de la vie. Ce sont des poèmes qui visent la vérité, invitent à la réflexion, ils sont souvent didactiques ou philosophiques.

➔ **Dionysos :** Fils de Zeus et de Sémélé, **dieu du vin et de l'ivresse**, il invite à une poésie sans contrainte, guidée par le goût pour la démesure, la folie, les hallucinations et parfois les pulsions violentes.

➔ **Orphée :** Fils d'Apollon et de la muse Calliope, il est doué d'un **talent extraordinaire pour la musique et le chant**. Profondément marqué par la mort de sa bien-aimée, Eurydice, il exprime ses regrets et son chagrin éternel. C'est donc une poésie triste, faite de lamentations et de complaintes, qui évoque un bonheur qui a fui trop vite.

Eurydice, piquée par un serpent, meurt le jour de ses noces. Orphée décide de descendre aux enfers pour la retrouver. Il charme Cerbère, le chien à trois têtes, et parvient à convaincre Hadès, le maître des lieux. Il peut ramener sa bien-aimée à une seule condition : ne pas se retourner avant d'avoir atteint la surface de la Terre. Mais Orphée cède aux supplications d'Eurydice et se retourne. Sa bien-aimée rejoint définitivement le royaume des morts et Orphée ne cesse depuis de chanter son amour perdu.

Le passage du Styx, *Joachim Patinir, huile sur toile, musée du Prado, Madrid.*

pour les poètes de chanter les qualités humaines : courage, vaillance, ténacité. Ils font également l'éloge, avec patriotisme, de leur cité victorieuse et des idées politiques qu'elle défend. Ces poèmes évoquent la grandeur du vainqueur comparé aux héros de la mythologie, ou la brièveté de la vie des hommes que la mort peut surprendre à tout moment.

Raffinement et érudition

La mort d'Alexandre le Grand (323 avant J.-C.) met fin à la période archaïque et ouvre la période hellénistique marquée par un art réservé à une

LES GRANDS POÈTES GRECS À L'ÉPOQUE ARCHAÏQUE

➡ Homère (VIIIᵉ siècle avant J.-C.)

Premier poète grec connu, Homère était, selon la tradition, aveugle et sans doute originaire d'Asie Mineure ; pour le reste nous ne savons rien. Sa renommée lui vient de ses œuvres, l'*Iliade* et l'*Odyssée*. Ces deux poèmes auraient été remis au propre au VIᵉ siècle à Athènes.

➡ Hésiode (milieu du VIIᵉ s. avant J.-C.)

Poète et paysan de Béotie, Hésiode compose deux poèmes qui s'interrogent sur le monde, les règles à suivre et la justice, *La Théogonie* et *Les Travaux et les Jours*.

➡ Sappho (entre 617 et 612 – vers 565 avant J.-C.)

Sappho vécut sur l'île de Lesbos, entourée de femmes à qui s'adresse son amour. Cette femme poète crée une poésie amoureuse d'une grande force, où l'émotion et l'intensité des sentiments sont bouleversants. La beauté et la puissance de ses vers ont souvent été imitées. Platon la surnomma « la dixième Muse ».

➡ Anacréon (milieu VIᵉ s. avant J.-C.)

Anacréon fut l'hôte de plusieurs tyrans. Poète de cour, il chante l'amour avec raffinement. Ses recueils de poèmes eurent un grand succès et influencèrent les poètes latins.

➡ Pindare (vers 518 – 438 avant J.-C.)

Protégé des tyrans (d'Agrigente puis celui de Syracuse), Pindare est connu pour ses chants de victoire et ses poèmes, en l'honneur des vainqueurs des jeux athlétiques, qui sont rassemblés dans les quatre volumes d'Épinicies (odes triomphales).

Ruines de la bibliothèque de Ptolémée à Alexandrie, *1811, gravure, XIXᵉ siècle, bibliothèque des Arts décoratifs, Paris.*

élite. Les centres intellectuels changent, Pergame, Alexandrie et Rhodes l'emportent sur Athènes. Poètes, scientifiques, philosophes s'y rassemblent, et mettent en commun leurs savoirs. De grandes bibliothèques, comme celle d'Alexandrie, sont construites. Elles constituent des collections époustouflantes qui devaient compter « tous les livres parus dans le monde entier ». Les poètes, hommes de lettres très cultivés, s'inscrivent parfaitement dans ce mouvement et composent des œuvres difficiles à comprendre.

L'idylle et la bucolique

Un nouveau genre apparaît, l'*idylle*, qui vient d'un mot grec signifiant petit poème (entre 50 et

150 vers), qui chante des moments de la vie bourgeoise. Par ailleurs, le poète peint aussi les plaisirs de la campagne dans des scènes champêtres qui montrent souvent des bergers amoureux, se contentant de joies simples : traire les bêtes, manger du fromage ou admirer un coucher de soleil. C'est ce qu'on appelle la poésie *bucolique*, qui inspira de nombreux poètes, des siècles plus tard.

Bucolique vient du nom grec *boukolos*, le bouvier, car dans ces poèmes il s'agit souvent de peindre l'amour d'un berger.

???

LES POÈTES ALEXANDRINS

➡ Callimaque (IIIᵉ s. avant J.-C.)

Issu d'une famille noble de Libye, Callimaque travaille à la bibliothèque d'Alexandrie, avant de composer des poèmes. Son œuvre est considérable, 800 volumes, mais il ne reste aujourd'hui qu'un petit nombre de poèmes et des fragments (l'équivalent d'un volume seulement).

➡ Apollonios de Rhodes (295-230 avant J.-C.)

Directeur de la bibliothèque d'Alexandrie, Apollonios se brouille avec son maître, Callimaque, et part pour Rhodes. Il est l'auteur d'un poème épique intégralement conservé, les *Argonautiques,* qui raconte le voyage de Jason et ses compagnons pour ramener la Toison d'or. C'est une langue raffinée et recherchée, voire compliquée.

➡ Théocrite de Syracuse (IIIᵉ s. avant J.-C.)

Poète de l'idylle et de la poésie bucolique, Théocrite compose des poèmes élégants et charmants. Il s'agit souvent de dialogues d'amoureux, ou de jeunes filles éplorées cherchant le moyen de faire revenir leur bien-aimé.

Les poètes alexandrins sont venus d'Alexandrie, centre de la culture hellénistique.

2

LA POÉSIE LATINE

Du IIIe siècle avant J.-C. au IIe siècle après J.-C.

Une poésie archaïque peu connue

De la fondation de Rome (-753) au milieu du IIIe siècle avant J.-C.

Contrairement à la poésie d'Homère ou d'Hésiode qui nous est parvenue quasiment intacte, les débuts de la littérature latine sont particulièrement mal connus, car nous ne possédons que des fragments incomplets et peu compréhensibles. Des inscriptions nous renseignent sur l'existence de chants religieux, funèbres ou satiriques qui seraient la première forme de la poésie latine.

L'influence de la poésie grecque

Au IIIe siècle avant J.-C., les Romains étendent leur pouvoir au sud de l'Italie et sur certaines cités de la

Grande Grèce, notamment en Sicile. Les écrivains découvrent alors la littérature grecque, de l'épopée homérique à la poésie alexandrine. Rapidement, ils cherchent à l'adapter à l'esprit romain.

Livius Andronicus, esclave grec affranchi, traduit l'*Odyssée* en latin et sensibilise ses contemporains à la littérature grecque.

Raconter l'histoire de Rome

Les premiers poètes latins s'inspirent de sujets grecs (surtout la guerre de Troie) puis choisissent de raconter, de manière épique, l'histoire de Rome, de sa fondation aux dernières guerres de conquête. Ils exaltent, dans ces longs poèmes, le sentiment national et racontent, sans lasser leur auditoire, la légende de Romulus et Remus et les combats qui opposèrent les premiers Romains à leurs voisins.

Naevius (270-vers 201 av. J.-C.) raconte la première guerre punique contre Carthage, et Ennius (239-169 av. J.-C.) retrace toute l'histoire de Rome dans un long poème de 18 livres, les *Annales*, dont Virgile s'est inspiré.

La Louve du Capitole *avec Remus et Romulus, bronze, Palazzo dei Conservatori, musée Capitalino, Rome.*

À la recherche d'une nouvelle poésie

Au Ier siècle avant J.-C., alors que la République se meurt et que s'annonce l'Empire, des personnalités littéraires se distinguent. Les poètes cherchent à exprimer des idées nouvelles et personnelles. La poésie alexandrine et ses allusions savantes restent à la mode, mais les poètes latins s'en éloignent pour peindre la société mondaine qui les entoure ou exprimer la force de leurs sentiments, la douleur d'un amour malheureux. Cette poésie personnelle annonce la poésie lyrique.

Vivons, ma lesbie... de Catulle

Vivons, ma Lesbie, aimons-nous,
Et que tous les grondements des vieillards moroses

Aient pour nous la valeur d'un sou.
Le soleil chaque jour peut mourir et renaître,

Sitôt mort notre bref éclat,
Il nous faudra dormir une nuit éternelle

Donne-moi mille baisers, puis
Cent, puis mille encore, ensuite une autre centaine,

Encore mille, encore cent.
Quand nous aurons atteint ces milliers de mille,

Brouillons le compte dans l'oubli,
Pour que nul malveillant ne soit jaloux, d'apprendre
Qu'il s'est donné tant de baisers.

En choisissant ce nom, Lesbie, « celle venue de Lesbos » pour son aimée, Catulle rend hommage à la poétesse grecque Sappho qu'il considérait comme « sa mère spirituelle. »

QUELQUES GRANDS POÈTES LATINS

ÉPOQUE CICÉRONIENNE

➡ Lucrèce (vers 99–55 avant J.-C.)

Nous ne savons rien de la vie de Lucrèce. Ce poète philosophe vit à l'écart du monde, absorbé par son observation de la nature et son souci de donner un sens à la vie. Il écrit le *De natura rerum* (De la nature des choses), qui est un poème didactique où il explique la philosophie de son maître grec, Épicure (340-270 avant J.-C.), afin que les hommes connaissent le bonheur sans craindre la mort.

➡ Catulle (84–54 avant J.-C.)

Issu d'un milieu aisé, Catulle mène une vie agréable auprès de personnages illustres et fréquente les cercles littéraires et mondains. Sa vie est marquée par sa liaison avec celle qu'il appelle Lesbie, à qui il destine un grand nombre de ses poèmes. Son œuvre, *Liber*, rassemble 116 poèmes très variés, mythologiques, amoureux et satiriques. Catulle est un poète raffiné qui cherche à s'inscrire dans l'héritage des poètes alexandrins.

Le poète Catulle lisant quelques-uns de ses poèmes, *1885*, Stepan Vladislavovitch Bakalovitch, Huile sur toile, galerie Treliakov, Moscou.

LE SIÈCLE D'AUGUSTE

➔ Virgile (70–19 avant J.-C.)

Virgile incarne le poète romain par excellence. Après des études en Gaule Cisalpine puis à Rome, Virgile écrit sa première œuvre, les *Bucoliques*, qui peint, avec raffinement, une vie simple et champêtre. Les portes de la haute société romaine s'ouvrent à lui. Il poursuit avec les *Géorgiques* et, à la demande d'Auguste, compose une épopée nationale, l'*Énéide*. Il y travaille dix ans, mais meurt à Brindes, sans l'avoir terminée. Auguste ne respecte pas la volonté du poète qui souhaitait qu'on brûle son œuvre inachevée, et permet sa diffusion.

➔ Horace (65–8 avant J.-C.)

Le père d'Horace, simple affranchi, met son honneur à ce que son fils reçoive un enseignement de grande qualité à Rome et à Athènes. Horace se fait rapidement connaître grâce à sa plume élégante et mordante. Il rencontre Virgile, se lie d'amitié avec Mécène qui lui offre un domaine. Il écrit surtout des satires dans lesquelles il jette un regard sans complaisance sur le monde des hommes. Aux *Satires*, s'ajoutent l'*Art poétique*, les *Épîtres*, et les *Odes*.

➔ Tibulle (54–19 avant J.-C.)

Chevalier romain, Tibulle possède une fortune confortable. Il tente une carrière militaire mais y renonce pour se consacrer à la poésie. Il est l'auteur d'*Élégies*, poèmes où il chante son amour pour Délie, évoque ses chagrins amoureux et son vif attachement à la vie champêtre.

➔ Properce (v. 47 – v. 15 avant J.-C.)

Après des études à Rome, Properce s'essaie à la poésie et gagne la protection de Mécène. Il compose des élégies dans lesquelles il exprime son amour pour Cynthie, une passion malheureuse qui donne à ses poèmes un ton poignant et dramatique. Il se nomme lui-même « le

Les Métamorphoses d'Ovide, Acis tué par Polyphème, musée Gustave-Moreau, Paris.

Callimaque de Rome » pour montrer son attachement aux poètes alexandrins qu'il considère comme ses maîtres. Il est un des plus grands poètes lyriques du siècle d'Auguste.

⤳ Ovide (43 avant J.-C. – 17 après J.-C.)

Ovide reçoit une éducation soignée, voyage en Grèce et étudie la philosophie à Athènes. Grand poète élégiaque, il se fait remarquer dès ses premières œuvres, les *Amours*, les *Héroïdes*, l'*Art d'aimer*, et bénéficie de la protection des plus grands. Devenu le poète favori d'Auguste et de la société mondaine, il compose les *Métamorphoses*. Exilé par l'empereur pour des raisons mystérieuses, il cherche à être rappelé à Rome et écrit les *Tristes* et les *Pontiques*, sans succès : il meurt en exil sur les bords de la mer Noire.

Virgile entre Clio et Melpomène, *Sousse, fin du* IV*ᵉ siècle.*
Mosaïque, musée national du Bardo, Tunis.

À cette époque sont créées deux bibliothèques, l'une est sur l'Aventin, l'autre est celle d'Auguste appelée la Palatine. On y trouve un grand nombre d'ouvrages grecs et latins.

Ils offrent aux poètes des terres, une villa et une pension. Les plus connus sont Mécène, Messala et Asìnius Pollion.

Des poètes au service de Rome

Sous le règne d'Auguste (27 avant J.-C. – 14 après J.-C.), la littérature est à l'honneur. L'empereur s'entoure d'écrivains pour soutenir ses idées politiques et morales. Les cercles littéraires se multiplient, les lectures de poèmes sont dorénavant publiques. La littérature est encouragée et les puissants (l'empereur lui-même) protègent les écrivains. Virgile et Horace représentent parfaitement la perfection de cette poésie officielle où se mêle avec art et discrétion l'expression personnelle du poète.

L'ÉNÉIDE DE VIRGILE

Fortement influencé par l'Iliade et l'Odyssée, Virgile entreprend, dans une épopée de douze livres, de raconter la légende d'Énée. Le héros troyen quitte Troie incendiée par les Grecs, et, après un long voyage sur la mer Méditerranée, gagne l'Italie où il fonde la première ville de la nation romaine. Virgile peint la grandeur de Rome, et fait ainsi l'éloge de l'empereur Auguste, son protecteur. Voici le passage où Énée raconte à Didon, la reine de Carthage, la prise de Troie par les Grecs.

La prise de Troie par les Grecs

Pendant ce temps, des cris de douleur s'élèvent de toute la ville. Bien que la maison de mon père Anchise soit à l'écart et protégée par un rideau d'arbres, le vacarme est de plus en plus violent, les armes effroyables se rapprochent. Je m'arrache au sommeil, je monte sur le toit et je tends l'oreille. Alors le doute n'est plus possible, le piège des Grecs se découvre. Je prends mes armes, hagard. À ce moment arrive Panthus, prêtre d'Apollon, échappé aux Grecs ; il tient dans ses bras nos objets sacrés, nos dieux vaincus et son petit-fils, un enfant en bas âge ; il accourt vers notre maison, l'air égaré. « Où en sommes-nous, Panthus ? Tenons-nous toujours la citadelle ? » À peine avais-je prononcé ces mots qu'il me répond en gémissant : « La dernière heure de la Phrygie est arrivée, c'en est fini de nous, c'en est fini de Troie et de la gloire éclatante des Troyens ; les Grecs ont incendié la ville et en sont les maîtres ; le cheval, dressé dans nos murailles, vomit des guerriers en armes. »

Énée s'apprête à livrer bataille à Turnus, roi des Rutules,
XVIᵉ siècle, musée du Louvre, Paris.

S'opposer au pouvoir en place

Les Julio-Claudiens (27-68 apr. J.-C.) : Tibère, Caligula, Claude et Néron.

Les empereurs qui succèdent à Auguste sont connus pour être despotiques et capricieux. Ils se plaisent à écrire eux-mêmes des vers, mais ne parviennent guère à favoriser l'essor d'une littérature nationale. Leur autoritarisme leur nuit : certains poètes les flattent, d'autres critiquent discrètement leurs choix et se voient disgraciés.

Lucain (39-65 apr. J.-C.), est un poète précoce. Couronné pour son *Éloge de Néron*, il figure parmi les favoris de Néron qui jalouse même un peu son talent. Mais il prend vite conscience de la folie de l'empereur et complote contre lui. Son rôle au sein de la conjuration de Pison révélé, il se donne la mort.

Souligner les défauts des hommes

Après Horace, Phèdre (15 avant J.-C. – 50 après J.-C.) livre lui aussi dans ses poèmes une courte leçon de morale. Il choisit la fable, mise à l'honneur par le poète grec Ésope. Petit récit en vers, elle met en scène des animaux pourvus des qualités et défauts humains et permet au poète d'attaquer ses contemporains sans les citer directement. Son premier recueil lui vaut d'être écarté de l'empereur pendant quatre ans. Cette arrogance dissimulée séduisit Jean de La Fontaine qui développa ce genre sous Louis XIV.

Deux poètes ont joué ce rôle : Stace (40-6 apr. J.-C.) et Martial (40-104 apr. J.-C.). Martial signe de très nombreux épigrammes dédiés à différents empereurs dont il n'obtint jamais la protection.

Un peu plus de liberté

La fin du règne de Néron ouvre une ère nouvelle. Le poète est moins surveillé, mais reste lié à l'empereur qui récompense éloges et flatteries. Des poètes de cour ou poètes à gage entourent les puissants, tandis que d'autres s'intéressent aux différents visages de la république romaine et dénoncent les inégalités sociales. Le poète brosse sans indulgence un tableau de la société, il devient moraliste, épinglant les vices des hommes.

Juvénal (65-128 apr. J.-C.) critique les mœurs de son temps dans les *Satires,* ce qui lui valut peut-être son exil en Égypte.

LE RENARD ET LES RAISINS Phèdre

Poussé par la faim, un renard cherchait, en sautant de toutes ses forces,
à attraper les raisins d'une haute vigne ;
Il ne put l'atteindre, et dit en partant :
« Ils ne sont pas encore mûrs, je ne veux pas cueillir des fruits encore verts. »
Ceux qui méprisent par leurs paroles ce qu'ils ne peuvent faire
Devront prendre cette fable pour exemple.

La Fontaine s'inspira de cette fable pour écrire la sienne.

LE RENARD ET LES RAISINS La Fontaine

Certain Renard Gascon, d'autres disent Normand,
Mourant presque de faim, vit au haut d'une treille
Des raisins mûrs apparemment,
Et couverts d'une peau vermeille.
Le galand en eût fait volontiers un repas ;
Mais comme il n'y pouvait atteindre :
« Ils sont trop verts, dit-il, et bons pour des goujats. »
Fit-il pas mieux que de se plaindre ?

3

LA POÉSIE MÉDIÉVALE

Du XIe au XVe siècle

La chanson de geste

Pas un festin, pas un tournoi, pas un mariage ou un banquet sans que ne soient récités par un jongleur des poèmes pour distraire les invités. Il récite de longues histoires mettant en scène des héros. Ces poèmes de plusieurs milliers de vers répartis en laisses (ou strophes) racontent de grands moments historiques et les exploits des héros : ce sont *les chansons de geste*. Elles chantent les valeurs chevaleresques (vaillance, fidélité…) et glorifient un événement. Le poète ne s'exprime pas personnellement, il laisse surgir des actions d'éclat à travers lui.

Le jongleur est un artiste qui divertit les seigneurs par ses acrobaties, ses danses, sa musique et la récitation de poèmes appris par cœur.

Troubadours et trouvères

La France du Moyen Âge est divisée en deux régions séparées par la Loire ; chacune possède sa langue : au nord, la langue d'oïl ; au sud, la langue d'oc. La poésie médiévale se développe d'abord en langue d'oc avec les troubadours, puis dans le Nord avec les trouvères. Ces premiers poètes diffusent à la fois des chansons populaires et une poésie amoureuse, raffinée et savante, qu'on appelle la poésie courtoise.

Une multitude de chansons

La chanson, la *canzo*, possède une forme très souple qui permet de nombreuses variations et convient à toutes sortes de sujets. Naïve et populaire, elle adopte une structure simple qui peut être facilement retenue, et reprend le même rythme et souvent la même rime.

Le Moyen Âge littéraire s'ouvre avec *La Chanson de Roland* (XIe siècle) et s'achève avec la mort de Villon (fin du XVe siècle).

Le mot troubadour (langue d'oc) ou trouvère (langue d'oïl) est formé sur le verbe occitan *trobar* : le troubadour est trouveur de vers ou sur le verbe latin *tropare* (composer des « tropes », des mélodies) : le troubadour est un poète musicien. Il y a aussi des femmes troubadours, les trobairitz, comme la vicomtesse de Die et Marie de Ventadour.

La courtoisie est l'art de savoir vivre à la cour et repose sur certaines valeurs : loyauté, discrétion, générosité.

Scène de banquet avec des musiciens, enluminure, Ms Harley, vers 1300 Londres, British Library.

LA MORT DE ROLAND

La chanson de geste la plus connue est La Chanson de Roland (vers 1070) qui raconte la guerre des Francs, derrière Charlemagne, partis pour prendre Saragosse aux infidèles, les Sarrasins. Malgré leur courage, les chrétiens sont vaincus et Roland meurt.

« Quand Roland sent que la mort s'empare de lui,
que de la tête elle lui descend au cœur,
il est allé en courant sous un pin ;
sur l'herbe verte il s'est couché face contre terre,
sous lui il met son épée et l'olifant.
Il se tourna, la tête face à l'ennemi païen ;
et il l'a fait parce qu'il veut à tout prix
que le roi Charles et tous les siens disent
du noble comte qu'il est mort en conquérant. »

La Chanson de Roland, *Roland à Ronceveaux, lithographie couleur, 1890, collection privée, Paris.*

Chanter la société

La poésie médiévale s'intéresse aussi aux réalités sociales. Les *sirventès* chantent l'engouement du guerrier, la passion politique, la croisade, la captivité, le lien féodal… Le *planh* rend hommage à un mort, il a l'allure d'une plainte dont certains vers sont déchirants.

Bertran de Born (1140-v. 1210) devenu moine après avoir passé de nombreuses années au combat, écrit des sirventès qui célèbrent les armes, racontent les combats et les pillages.

La poésie lyrique

La poésie courtoise a pour thème central l'amour d'un chevalier pour une femme mariée. Cet amour

??

QUELQUES CHANSONS

- **Le descort** chante la douleur et le désespoir.
- **La chanson de toile,** destinée aux femmes qui tissent, raconte l'aventure amoureuse d'une belle.
- Le **tenso** ou **jeu-parti** est une chanson où deux personnages échangent leurs points de vue sur l'amour. Elle se finit souvent avec l'intervention d'une troisième personne qui arbitre leur débat ou les sépare.
- **La pastourelle** mêle humour et poésie, peignant la femme qui résiste aux avances du chevalier.
- **La chanson de femme** est une poésie très spontanée qui met en scène une jeune fille amoureuse d'un jeune homme plutôt indifférent. Elle est souvent une invitation à la danse par la présence d'un refrain.
- **L'aube** est un chant de séparation : deux amants se font surprendre par l'aube et doivent se quitter.

LES PREMIERS TROUBADOURS

➡ Guillaume IX (1071-1127)

Duc d'Aquitaine et comte de Poitou, Guillaume IX est le premier troubadour connu. Il mène une vie agitée, affiche des opinions défavorables à l'Église, et choque ses contemporains par ses mœurs scandaleuses. Doué d'un immense talent et doté d'une grande sensibilité, il écrit *Les Vers* (dont il reste onze poèmes), qui témoignent de sa finesse d'esprit et de son génie poétique. Il inaugure la poésie amoureuse, en chantant, avec émotion et sensualité, la femme aimée.

➡ Marcabru (1110-1150)

L'art de Marcabru est complexe et savant. Dans ses quarante-trois poèmes (dont la plus vieille pastourelle), il critique l'amour courtois. Il adopte un ton nostalgique pour vanter les anciennes valeurs traditionnelles de la féodalité. Il est également l'auteur d'un très beau planh sur la mort de Guillaume IX.

➡ Raimbaut d'Orange (1146-1173)

Raimbaut d'Orange est sans doute le plus ancien troubadour de Provence. Il organise festins et tournois, et rassemble les troubadours à Puivert dans l'Aude. Ce goût d'une vie fastueuse s'accompagne d'une immense sensibilité poétique. Il est l'auteur d'une quarantaine de poèmes, où la virtuosité rivalise avec l'humour. Ses chansons s'organisent autour de belles rimes, et laissent percevoir le souci permanent de créer une harmonie sonore unique.

➡ Bernard de Ventadour (1150-1200)

Bernard de Ventadour offrit ses premiers poèmes à la vicomtesse de Ventadour, et fut contraint de s'éloigner sur l'ordre du vicomte furieux.

Bertrand de Ventadour.
Lithographie couleur,
manuscrit du XIIe siècle.

Il est accueilli à la cour d'Aliénor d'Aquitaine à qui il écrit ses *Chansons*. Après un séjour en Angleterre, il se met au service du comte de Toulouse, puis se fait moine.

Voici un extrait d'un des poèmes de Bernard de Ventadour vraisemblablement adressé à sa dame, Aliénor d'Aquitaine.

Tant j'ai le cœur plein de joie
Que tout pour moi change de nature ;
Fleur blanche, vermeille et claire
Me semble la froidure,
Avec le vent et avec la pluie
S'accroît mon bonheur ;

Alors mon chant monte et s'élève
Et j'en ai plus de valeur.
Tant j'ai de l'amour au cœur,
De joie et de douceur,
Que l'hiver me semble fleur
Et la neige verdure.

rêvé et impossible à vivre s'appelle la *fin'amor*. Le troubadour chante, accompagné de sa vielle, la dévotion de l'amant à sa dame, femme idéale et inaccessible. Cette poésie fait l'éloge d'un amour respectueux et fervent, jamais réellement satisfait. Le troubadour, joyeux quand il pense au visage de son aimée, se montre exalté, mais devient mélancolique dès qu'il évoque la distance qui les sépare.

Ainsi le thème amoureux se développe par le choc des contraires : joie/désespoir, espoir/crainte, bonheur/malheur, gaieté/mélancolie...

???

QUAND LE POÈTE MEURT DANS LES BRAS DE SA DAME

Prince de Blaye (en bordelais), **Jauffré Rudel** (v. 1130-1170) offre dans ses poèmes (six d'entre eux nous sont parvenus) **un magnifique exemple de l'amour impossible,** lointain et insaisissable.

Il tombe amoureux de la comtesse de Tripoli, sans jamais l'avoir rencontrée mais en écoutant les récits des pèlerins qui revenaient d'Antioche. Il écrit pour elle de nombreux poèmes, puis désire la voir.

Malheureusement au cours du voyage, il tombe gravement malade. Dès son arrivée à Tripoli, on le conduit dans une auberge où on le croit mort. La comtesse alertée de ce fâcheux événement se rend à son chevet. En sa présence, il reprend des forces, puis meurt dans ses bras, joyeux d'avoir pu serrer son amour. La comtesse le fait enterrer dans les plus grands honneurs, et finit sa vie dans un couvent.

Le Krunenberg
(le plus ancien poète lyrique courtois de langue allemande) en conversation avec la reine Aliénor d'Aquitaine. Codex Manese, v. 1310-1340. Bibliothèque universitaire de Heidelberg.

Les troubadours à travers l'Europe

Les poètes troubadours vivent auprès d'un grand seigneur qui les protège et les entretient en échange du divertissement. Dans cette atmosphère pacifique et enjouée, les aristocrates goûtent les recherches poétiques, s'amusent des trouvailles rythmiques et applaudissent le poète qui les fait témoins de son inspiration.

Philippe Auguste était le protecteur de Jean de Brienne, auteur de pastourelles ; le vicomte Ebles I celui de Bernard de Ventadour ; le poète Marcabru vécut à la cour du roi de Castille, Alphonse VII.

Appelés par d'autres seigneurs, les troubadours voyagent de la cour de France à celle de Castille, et vont jusqu'en Hongrie. Ces nombreux voyages rendent leurs chansons populaires : elles sont apprises par cœur et vont de bouche en bouche. Et bientôt elles sont imitées en langue d'oïl par les trouvères du Nord.

Les trouvères du Nord

Les noms de 200 trouvères peuvent être cités, et 2 000 chansons et 1 500 mélodies ont été conservées.

À Arras, ville riche et prospère, naît une des premières confréries poétiques, la Sainte-Chandelle. L'importante activité littéraire de cette ville durera jusqu'au XIVᵉ siècle.

Colin Muset (XIIIᵉ s.), l'auteur d'une douzaine de chansons, est un ménestrel amoureux qui aime faire bombance et voler un baiser. Sa vie est le thème principal de ses chansons. Loin du mythe de l'amour courtois, il chante de simples amourettes.

Dès le milieu du XIIᵉ siècle, les poèmes courtois sont traduits en picard ou en champenois. Les trouvères du Nord, séduits par cette nouvelle poésie, composent à leur tour. Ce déplacement géographique s'accompagne d'un bouleversement des habitudes. Les trouvères s'installent dans les villes, alors que les troubadours vivent auprès des seigneurs. Les mécènes se font plus rares, et la vie du poète devient plus difficile. De château en château, de ville en ville, le poète, devenu vagabond, chante devant un public plus ou moins généreux.

Des formes poétiques renouvelées

Peu à peu la sonorité des mots va l'emporter sur l'accompagnement musical. Le troubadour devient poète, il travaille sur la langue pour faire naître une nouvelle musique, la mélodie des mots. Des formes poétiques plus contraignantes remplacent les chansons : le rondeau, la ballade et le virelai.

Le poète Charles d'Orléans (avec son épouse Marie de Clève), Ange François, 1845, huile sur toile montée sur bois, musée de Brou, Bourg-en-Bresse.

UN EXEMPLE DE RONDEAU

Le rondeau emprunte la forme circulaire de la ronde, il tourne et revient à son point initial. Il comporte quinze vers, deux rimes, et un refrain qui est repris à la fin de chaque strophe. Voici l'extrait d'un des rondeaux de Charles d'Orléans :

Le temps a laissé son manteau
De vent, de froidure et de pluie,
Et s'est vêtu de broderie,
De soleil luisant, clair et beau.
Il n'y a bête, ni oiseau,
Qu'en son jargon ne chante ou crie :

Le temps a laissé son manteau !
Rivière, fontaine et ruisseau
Portent, en livrée jolie,
Gouttes d'argent d'orfèvrerie
Chacun s'habille de nouveau ;
Le temps a laissé son manteau.

LES DERNIERS POÈTES DU MOYEN ÂGE

➔ Rutebeuf (1230-1285)

Rutebeuf connaît un temps la protection de Louis IX, puis se présente dans les châteaux et les hôtels seigneuriaux de Paris. Il commence d'abord par les chansons de geste et crée ensuite son propre répertoire. Ses poèmes aux accents déchirants racontent sa vie de misérable *(La Complainte Rutebeuf, Le Mariage Rutebeuf, La Pauvreté Rutebeuf, La Mort Rutebeuf)*. Lui-même explique son nom en disant qu'il est le rude bœuf qui trace son sillon patiemment avec sa vielle. Voici un extrait de *La Complainte de Rutebeuf* :

Que sont mes amis devenus
Que j'avais de si près tenus
*   Et tant aimés ?*
Je crois qu'ils sont trop clairsemés ;
Ils ne furent pas engraissés,
*   Aussi ont-ils manqué.*
De tels amis m'ont mal traité,
Jamais, tant que Dieu m'éprouvait
*   De maints côtés,*
*   N'en vis un seul en mon hôtel.*

➔ Eustache Deschamps (1346-1407)

Grand personnage de la cour de Charles VI, Eustache Deschamps compose une poésie qui reflète la société où il vit, comme une chronique au jour le jour mais son œuvre importante (1 175 ballades, 142 chants royaux, 170 rondeaux, 84 virelais, 84 lais et des traités en vers) manque de grâce et de finesse. Il livre les règles de l'art poétique dans *Art de dictier* [composer] *et de faire des chansons*.

➔ Christine de Pisan (1363-1430)

Pour gagner sa vie après son veuvage, Christine de Pisan vend ses vers aux seigneurs de son temps. Elle est protégée par Louis d'Orléans, le duc de Bourgogne, le duc de Berry, la reine Isabeau de Bavière. Elle est même appréciée en Angleterre ou à Milan. Sa poésie reprend les thèmes de l'amour courtois mais sur un ton très personnel, car elle y défend la cause des femmes : *Cent ballades* (1395-1400), *Cent ballades d'Amant et de Dame* (1410).

➔ Charles d'Orléans (1394-1465)

Dernier des princes poètes, Charles d'Orléans pratique une poésie pleine de grâce et de finesse. Soucieux de la forme, il cisèle de petits poèmes parfaits, disposant les rimes selon les sentiments exprimés. Connu pour les accents mélancoliques de ses ballades et de ses chansons (écrites lors de son exil), la sincérité et la fraîcheur de ses vers séduisent. Figure romantique avant l'heure, son œuvre influencera de nombreux poètes comme Du Bellay, Nerval et Apollinaire.

Christine de Pisan offre son livre à la reine Isabeau de Bavière, *XVe siècle, enluminure, British Library, Londres.*

La disposition des vers en strophe et des échos de sonorités que créent les rimes ajoute à la nouvelle harmonie. Le nom de ces formes poétiques évoque le mouvement et la musique. Virelai vient de « virer » qui veut dire tourner ; le rondeau tient son nom de la ronde ; la ballade est formée sur le verbe « baler » c'est-à-dire danser.

De plus en plus virtuose

Jean Marot, le père de Clément Marot, et Jean Molinet (1435-1507) sont les plus connus.

Ces pratiques poétiques influenceront beaucoup les poètes du XXᵉ siècle, notamment Guillaume Apollinaire.

Les grands rhétoriqueurs, amoureux de la langue et du pouvoir des mots, réalisent de véritables prouesses. Ils pratiquent : l'anagramme (plusieurs mots composés des mêmes lettres) ; le calligramme (les mots sont disposés de telle sorte qu'ils représentent un objet) ; la rime équivoque (qui a plusieurs sens) ; et l'acrostiche (la première lettre de chaque vers forme un mot quand on les lit verticalement).

Un exemple d'acrostiche

Voici un acrostiche, découvez le nom de l'auteur verticalement :

Voulez-vous que verté je vous die ?
   (que je vous dise la vérité)
Il n'est jouer qu'en maladie
Lettre vraie que tragédie
Lâche homme que chevalereux
Orrible son que mélodie
Ne bien conseillé qu'amoureux.

Une poésie universelle

Considéré comme le premier poète moderne, Villon est l'auteur d'une œuvre difficile et fascinante. Il évoque la mort, la longue agonie qui la précède et l'angoisse de chacun face à cet ultime moment. Il inaugure une poésie personnelle, violente et troublante qui résonne en chaque homme.

Las ! Mort, qui t'a fait si hardie

Voici un extrait de l'émouvante ballade de Charles d'Orléans qui pleure sa femme morte en 1434 (orthographe modernisée).

Las ! Mort, qui t'a fait si hardie,
De prendre la noble Princesse
Qui était mon confort, ma vie,
Mon bien, mon plaisir, ma richesse !
Puisque tu m'as pris ma maîtresse,
Prends-moi aussi son serviteur,
Car j'aime mieux prochainement
Mourir que languir en tourment,
En peine, souci et douleur !

VILLON : LE PREMIER POÈTE MODERNE

➜ François Villon (1431–apr. 1463)

Une fois reçu bachelier, François Villon envisage une brillante carrière mais la guerre de Cent Ans bouleverse le cours de sa vie.

Il est accusé de vol, et même d'assassinat. Il fuit Paris et se réfugie chez Charles d'Orléans qui admire ses qualités de poète.

Quelque temps plus tard, il est emprisonné et condamné à être pendu. Dans les 2 023 vers du *Testament* (1461-62), il parodie un testament. Sous forme d'adieux poétiques, il lègue ses biens sur un ton satirique à ses amis. Dans l'attente de l'exécution de sa peine, il compose la *Ballade des pendus* (1463) mais le Parlement casse la sentence et le bannit pour dix ans. On perd alors sa trace.

François Villon, gravure sur bois, xvᵉ siècle.

Ballade des pendus

Frères humains qui après nous vivez,
N'ayez les cœurs contre nous endurcis,
Car si pitié de nous pauvres avez,
Dieu en aura plus tôt de vous mercis.
Vous nous voyez ci attachés cinq, six ;
Quant de la chair que trop avons nourrie,
Elle est piéça dévorée et pourrie,
Et nous, les os, devenons cendre et poudre.
De notre mal personne ne s'en rie ;
Mais priez Dieu que tous nous veuille absoudre !
[…]
La pluie nous a débués et lavés,
Et le soleil desséchés et noircis ;
Pies, corbeaux nous ont les yeux cavés,
Et arraché la barbe et les sourcils.
Jamais nul temps nous ne sommes assis ;
Puis ça, puis là, comme le vent varie,
À son plaisir sans cesser nous charrie,
Plus becquetés d'oiseaux que dés à coudre.
Ne soyez donc de notre confrérie ;
Mais priez Dieu que tous nous veuille absoudre !

La Danse macabre de Bâle, *Johann Rudolf Feyerabend, 1806.*
Copie d'après les fresques détruites, aquarelle. Musée historique, Bâle.

4

LA POÉSIE DE LA RENAISSANCE

Le XVIᵉ siècle

François Iᵉʳ (1494-1547) introduit à sa cour l'esprit des courtisans italiens (raffinement, courtoisie, goût pour les arts) et accueille de nombreux artistes comme Léonard de Vinci.

Citons quelques noms : en Hollande Érasme, en Angleterre Thomas More, en France Guillaume Budé et Montaigne. Tous placent l'homme et sa culture au centre de leurs préoccupations.

Le temps du renouveau

La Renaissance est marquée par une effervescence dans tous les domaines : sciences, littérature, connaissance du monde et de l'homme. Les lettres et les arts, favorisés par le roi, connaissent une période féconde. Un nouveau mouvement intellectuel se développe, l'humanisme, caractérisé par le goût pour les écrits antiques et profanes, par opposition à la littérature sacrée ou divine.

À la cour du roi

Le roi François Iᵉʳ protège généreusement les artistes qui font son éloge et assure sa gloire par leurs

œuvres. Honoré, accueilli parmi les courtisans, le poète reçoit dons, pension, charge honorifique ou bénéfices ecclésiastiques qui l'éloignent du besoin.

Léonard de Vinci, autoportrait, 1515, Biblioteca Reale, Turin.

L'influence italienne

Les guerres d'Italie (1494-1544) sous Charles VIII, Louis XII et François Ier permettent de découvrir la civilisation italienne dont l'influence ne tarde pas à se faire sentir. L'architecture adopte un nouveau visage, et la littérature s'inspire des poètes italiens du Moyen Âge dont les œuvres sont traduites et diffusées. Les auteurs français sentent la nécessité de régénérer la littérature nationale, en l'enrichissant de ces nouvelles références.

Une partie des œuvres sont des commandes qui célèbrent un événement, cherchent à plaire ou à divertir. Ronsard adresse ses poèmes à la reine mère, et Du Bellay à ses amis de la cour.

DEUX POÈTES ITALIENS

Deux poètes italiens, Dante et Pétrarque, ont particulièrement influencé les poètes de la Renaissance.

➜ Dante (1265–1321)

Dante est l'auteur de *La Divine Comédie*, long poème de 14 233 vers, divisé en trois parties : *L'Enfer, Le Purgatoire* et *Le Paradis*. Il raconte **le voyage initiatique de Dante dans l'Au-Delà**, avec pour guide Virgile puis la femme aimée, Béatrice. *La Divine Comédie* est une fresque saisissante de l'univers, où se côtoie une multitude de personnages pris dans le mouvement du monde.

➜ Pétrarque (1304–1374)

Couronné comme poète, en avril 1341, Pétrarque signe le *Canzionere*, recueil de 366 pièces (surtout des sonnets) qui chantent son amour pour Laure et **sa vision idéale de l'amour.**
L'homme et ses sentiments sont placés au centre de l'œuvre. L'influence de Pétrarque a été considérable, notamment sur les poètes de la Pléiade.

*Dante, L'Enfer,
gravure sur bois de
Gustave Doré, 1861.*

Reprise et innovation

Quelques formes poétiques du Moyen Âge, la chanson, le rondeau et la ballade, sont reprises et de nouvelles, souvent empruntées à l'héritage antique, sont introduites : l'épître, l'élégie et l'ode. La nouveauté poétique qui a le plus de succès est le sonnet venu d'Italie. L'œuvre de Clément Marot illustre parfaitement cette double inspiration.

Une nouvelle forme poétique

Le sonnet se compose de quatorze vers répartis en quatre strophes : deux quatrains suivis de deux tercets. Les règles sont assez strictes, les rimes doivent alterner selon un schéma précis : abba / abba / cde / cde ou cdc / dcd. Rapidement tous les poètes européens s'y essaient, mais modifient très souvent l'agencement des tercets. En France, c'est le sonnet « marotique » qui est apprécié pour la virtuosité qu'il suppose : abba / abba / ccd / ede ou ccd / eed.

Nicolas Boileau écrit : « un sonnet sans défaut vaut seul un long poème ».

L'école de Lyon

Lyon, ancienne capitale des Gaules, par sa situation géographique favorable, devient un pôle économique et culturel très dynamique. L'activité y est florissante : les banquiers italiens s'installent, les marchands en font un lieu d'échange prisé. Les milieux littéraires sont aussi en ébullition, « la

Compagnie des libraires lyonnais » s'organise et le premier livre imprimé voit le jour en 1473. Les imprimeurs se pressent, on en compte 413 en 1548 ! Attirés par l'effervescence de Lyon, deve-

???

CLÉMENT MAROT

Fils du poète Jean Marot qui lui a transmis les règles de son art, Clément Marot (1496-1544) édite la poésie de Villon (1533) et traduit des poètes latins comme Virgile et Ovide. Très proche de Marguerite de Navarre et de François Ier, poète officiel de la cour entre 1527 et 1534, il compose **une poésie légère et charmante**, souvent traversée par un esprit badin (*Adolescence clémentine*). Sa liberté d'esprit lui vaut plusieurs séjours en prison qui lui inspirent **des pièces plus graves** (*L'Enfer*). Il est exilé et meurt à Turin.

Voici un extrait de *Adolescence clémentine*.

J'ai grand désir
D'avoir plaisir
D'amour mondaine :
Mais c'est grand peine,
Car chaque loyal amoureux

Au temps présent est
malheureux :
Et le plus fin
Gagne à la fin
La grâce pleine.

Portrait présumé de Clément Marot, peinture de Corneille de Lyon, huile sur bois, 1530, musée du Louvre, Paris.

nue deuxième ville du royaume, les intellectuels y séjournent volontiers, et échangent leurs vues sur la littérature. François Rabelais, Clément Marot, et des humanistes européens viennent enrichir les débats.

Autour d'un maître, Maurice Scève, des poètes et poétesses créent une poésie novatrice qui décline le thème amoureux. Vers 1500, plus de quarante villes françaises ont une librairie, lieu on l'on édite, imprime et vend des livres.

Parmi les grands libraires lyonnais, on peut citer Étienne Dolet qui publie Clément Marot et Rabelais, et Jean de Tournes qui s'intéresse aux œuvres de Marguerite de Navarre, Maurice Scève et Louise Labé.

Je vis, je meurs... de Louise Labé

Je vis, je meurs ; je me brûle et me noie,
J'ai chaud extrême en endurant froidure ;
La vie m'est et trop molle et trop dure,
J'ai grands ennuis entremêlés de joie.

Tout à un coup je ris et je larmoie,
Et en plaisir maint grief' tourment j'endure ;
Mon bien s'en va, et à jamais il dure ;
Tout en un coup, je sèche et je verdoie.

Ainsi Amour inconstamment me mène.
Et quand je pense avoir plus de douleur,
Sans y penser je me trouve hors de peine.

Puis quand je crois ma joie être certaine,
Et être au haut de mon désiré heur,
Il me remet en mon premier malheur.

L'ÉCOLE DE LYON

▶ Maurice Scève (1501-1564)

Issu d'une riche famille lyonnaise, Maurice Scève devient le chef de file (en 1538) de l'école de Lyon. Considéré comme poète officiel, il s'inspire beaucoup de Pétrarque, et chante dans *Délie, objet de la plus haute vertu* (1544) son amour pour son élève, Pernette du Guillet. Son œuvre, riche mais difficile, sera redécouverte par les poètes symbolistes du XXᵉ siècle, comme Mallarmé et Valéry qui voient en lui un poète très moderne dans son approche de la poésie.

▶ Pernette du Guillet (1520-1545)

Comme sa famille désapprouve son amour pour Maurice Scève, Pernette du Guillet est mariée de force. Blessée et toujours amoureuse, elle répond, en vers, aux longs passages de *Délie*. Victime de la peste, elle meurt à vingt-six ans. Son mari rassemble ses vers et les publie sous le titre de *Rymes* (1545).

▶ Louise Labé (1525-1566)

Surnommée « la Belle Cordière », car fille d'un riche cordier, Louise Labé reçoit une éducation moderne (latin, italien, musique, équitation...). Elle crée un salon littéraire et écrit des poèmes sensuels où la femme livre les affres de ses passions amoureuses (*Débat de Folie et d'Amour*, *Sonnets*). Son œuvre, nourrie de son expérience, fait scandale, on lui reproche sa vie jugée trop libre, et sa plume qui dévoile des plaisirs trop intimes.

Louise Labé, gravure sur cuivre, coloriée, anonyme, vers 1850. Coll. Archiv f. Kunst & Geschichte, Berlin.

Ruptures et inventions

Au milieu du XVIᵉ siècle, une véritable révolution littéraire a lieu autour de sept poètes (Ronsard, Baïf, Du Bellay, Belleau, Jodelle, Pontus de Tyard et Dorat) rassemblés dans un groupe appelé la Pléiade. Ils publient un manifeste intitulé *Défense et illustration de la langue française* (1549), signé par Du Bellay. Dans cet essai, ils posent les principes d'une nouvelle école poétique.

Imiter pour surpasser

Pour le groupe de la Pléiade, le travail du poète consiste à reprendre des thèmes connus et rencontrés dans la littérature antique ou italienne. Son génie transparaît dans la qualité de la variation. Il ne s'agit nullement d'une simple traduction,

L'édit de Villers-Cotterêts, signé le 18 août 1539, impose le français dans tous les actes juridiques et administratifs à la place du latin. Le français devient ainsi la langue de la justice et de la loi, et bientôt celle de la littérature.

???

CE QUE DÉFENDENT LES POÈTES DE LA PLÉIADE

Le français, nouvellement consacré **langue nationale**, doit égaler le grec et le latin et devenir ainsi une grande langue littéraire. Pour ce faire, il faut l'enrichir de mots et de rythmes nouveaux.

Il faut renouveler la littérature en **imitant les modèles antiques et italiens** car les formes littéraires médiévales sont jugées dépassées.

Le poète accède à l'**immortalité,** autant que ceux qu'il chante, et sa gloire se nourrit d'inspiration divine.

mais plutôt d'une brillante imitation qui cherche à rivaliser avec les Anciens.

Heureux qui, comme Ulysse

Dans ce sonnet, du Bellay exprime, en évoquant discrètement la mythologie grecque, son envie de retrouver sa patrie et les siens.

Heureux qui, comme Ulysse, a fait un beau voyage,
Ou comme celui-là qui conquit la toison,
Et puis est retourné, plein d'usage et raison,
Vivre entre ses parents le reste de son âge !

Quand reverrai-je, hélas, de mon petit village
Fumer la cheminée, et en quelle saison
Reverrai-je le clos de ma pauvre maison,
Qui m'est une province et beaucoup davantage ?

Plus me plaît le séjour qu'ont bâti mes aïeux
Que des palais romains le front audacieux ;
Plus que le marbre dur me plaît l'ardoise fine,

Plus mon Loire gaulois que le Tibre latin,
Plus mon petit Liré que le mont Palatin,
Et plus que l'air marin la douceur angevine.

Amour et fuite du temps

La poésie du XVIe siècle a souvent pour thème l'amour idéal et épuré qui hérite de plusieurs traditions : la fin'amor du Moyen Âge, les poèmes de Pétrarque et le néoplatonisme. La fuite de la

Le néoplatonisme est un courant philosophique fondé sur les œuvres du philosophe grec Platon. Il prône un amour idéal, où la contemplation de la beauté, reflet de la bonté de l'âme, joue un rôle essentiel.

LES DEUX GRANDS POÈTES DE LA PLÉIADE

➜ Joachim du Bellay (1522–1560)

Ami intime de Ronsard, Joachim du Bellay publie le manifeste de la Pléiade. Il est l'auteur d'un recueil de sonnets où l'influence de Pétrarque est très sensible, *L'Olive* (1549). Il se rend à Rome comme secrétaire de son oncle, ambassadeur de France auprès du Saint-Siège. Là-bas, il compose deux recueils de sonnets, *Les Antiquités de Rome* et *Les Regrets* (1558), qui font de lui l'un des plus grands poètes français. Il exprime merveilleusement l'amour de la terre natale, la force du sentiment mélancolique et le désir de l'exilé de retrouver sa patrie.

➜ Pierre de Ronsard (1524–1585)

Issu d'une famille noble, Pierre de Ronsard renonce à une carrière militaire à cause de sa surdité et décide de se consacrer aux lettres. En 1549, il réunit autour de lui un cercle de jeunes qui forment le groupe de la Pléiade.

Il est l'auteur de nombreux recueils poétiques où il s'inspire des formes grecques et latines (Pindare et Horace), les *Odes* (1550), ou italiennes, les *Amours* (1552). Il s'essaie à une poésie plus philosophique, les *Hymnes* (1555) puis devenu poète officiel de la cour (Charles IX et Henri III), il écrit des commandes dont les *Sonnets pour Hélène* (1578).

Ce conflit, extrêmement violent, s'apaise avec la signature par Henri IV de l'édit de Nantes (avril 1598), qui accorde aux protestants la liberté de culte, l'égalité politique avec les catholiques.

jeunesse, la brièveté de la vie et la nécessité de profiter de l'instant présent sont également des thèmes souvent évoqués. Le poète se voit vieillir et combat à l'aide de ses vers son angoisse de la mort.

Vers une poésie engagée

En 1562, les guerres de Religion éclatent, et certains poètes prennent parti. Ils se font alors témoins des horreurs de leur temps. Ainsi Ronsard, dans son *Discours des misères de ce temps* (1562), rend compte des troubles civils auxquels il assiste et défend les catholiques dans *Réponses aux injures et calomnies* (1563).

De son côté, Agrippa d'Aubigné (1552-1630) défend la cause protestante. Proche de Ronsard, il écrit des poèmes amoureux. Les guerres de Religion influencent fortement sa création. Il peint, dans *Les Tragiques*, le tableau d'une France déchirée par la guerre civile, ce qui lui vaut l'exil.

Portrait de Théodore Agrippa d'Aubigné, 1830. Paris, Bibliothèque nationale de France (BNF).

Le massacre de la Saint-Barthélémy, gravure d'époque sur cuivre, 1572, BNF, Paris.

Le questionnement du monde

En ces temps troublés, le poète s'interroge sur le monde et ses valeurs : l'homme peut-il être bon s'il tue ainsi ? Que valent les religions si elles sont à l'origine d'effroyables massacres ? Ces interrogations fondamentales, éloignées de l'optimisme du début du siècle, imprègnent la littérature. Sponde construit ses sonnets autour de la fragilité et de l'inconstance de l'homme. Ces thèmes nouveaux seront repris et développés par le baroque.

Sponde (1557-1595) traduit en latin l'œuvre d'Homère puis se met à la poésie. Ses poèmes sont fortement imprégnés de ses convictions religieuses. En 1594, il se détourne du protestantisme et se convertit au catholicisme. Il est désavoué par le roi et devient l'ennemi de d'Aubigné.

QUAND VOUS SEREZ BIEN VIEILLE...

➡ Un poème de Ronsard

Le thème choisi par Ronsard est fréquent : la jeune femme aimée est comparée à la rose qui doit profiter de sa beauté resplendissante avant d'être fanée et flétrie dans sa vieillesse.

Quand vous serez bien vieille, au soir, à la chandelle
Assise auprès du feu, dévidant et filant,
Direz, chantant mes vers, en vous émerveillant,
« Ronsard me célébrait du temps que j'étais belle. »

Lors vous n'aurez servante oyant telle nouvelle,
Déjà sous le labeur à demi sommeillant,
Qui au bruit de Ronsard ne s'aille réveillant,
Bénissant votre nom de louange immortelle.

Je serai sous la terre, et fantôme sans os,
Par les ombres myrteux je prendrai mon repos ;
Vous serez au foyer une vieille accroupie,

Regrettant mon amour et votre fier dédain.
Vivez, si m'en croyez, n'attendez à demain ;
Cueillez dès aujourd'hui les roses de la vie.

Pierre de Ronsard, château de Blois, 1580.

L'écrivain Raymond Queneau (1903-1976) reprend avec humour le thème de la jeunesse qui passe (lui-même écrit « un t'aime de Ronsard ! ») pour faire un poème amusant et rythmé, rendu célèbre par la chanteuse Juliette Gréco.

Si tu t'imagines
si tu t'imagines
fillette fillette
si tu t'imagines
xa va xa va xa
va durer toujours
la saison des za
la saison des za
saison des amours
ce que tu te goures
fillette fillette
ce que tu te goures

Si tu crois petite
si tu crois ah ah
que ton teint de rose
ta taille de guêpe
tes mignons biceps
tes ongles d'émail
ta cuisse de nymphe
et ton pied léger
si tu crois petite
xa va xa va xa
va durer toujours
ce que tu te goures

fillette fillette
ce que tu te goures
les beaux jours s'en vont
les beaux jours de fête
soleils et planètes
tournent tous en rond
mais toi ma petite
tu marches tout droit
vers sque tu vois pas
très sournois s'approchent
la ride véloce
la pesante graisse
le menton triplé
le muscle avachi
allons cueille cueille
les roses les roses
roses de la vie
et que leurs pétales
soient la mer étale
de tous les bonheurs
allons cueille cueille
si tu le fais pas
ce que tu te goures
fillette fillette
ce que tu te goures

5

BAROQUE ET CLASSICISME

Le XVIIᵉ siècle

Le terme baroque a été créé au XIXᵉ siècle sur le nom portugais *barroco* qui signifie « perle irrégulière ». Il désigne un art attaché à tout ce qui est excessif, insolite et spectaculaire. Cet adjectif qualifie la littérature mais aussi l'architecture, la peinture et la sculpture.

Spectacle et ornement

La première moitié du XVIIᵉ siècle est influencée par un mouvement artistique venu d'Italie, le baroque, qui cherche à éblouir et à créer la surprise, par des effets de relief ou de perspective. Sont à l'honneur le masque et l'illusion, le trompe-l'œil et le miroir, le carnaval et les métamorphoses.

Magie et démesure

L'artiste baroque s'épanouit dans la démesure, il aime la surcharge, le foisonnement, les répétitions et les débordements. Il refuse les règles contraignantes, et dans un esprit de grande liberté créa-

trice, s'attache à tout ce qui bouge : l'eau et le
brouillard, l'arc-en-ciel et la lumière fugitive. Il
associe les contraires avec légèreté, et laisse agir
son imagination débridée.

???

TROIS GRANDS POÈTES BAROQUES FRANÇAIS

→ **Mathurin Régnier (1573-1613)**
Grand connaisseur de poésie italienne, friand de culture antique,
Mathurin Régnier reprend le style de la satire latine et peint les mœurs
de son temps dans un style vif et savant.

→ **Théophile de Viaud (1590-1626)**
Théophile de Viaud défend la spontanéité en art et se laisse aller parfois
à des épanchements lyriques. Sa
poésie correspond bien à l'esthétique
baroque.

→ **Marc-Antoine de Saint-Amand
(1594-1661)**
Bon vivant, Saint-Amand chante
les plaisirs de la table et de l'amour.
Sa poésie, délicieuse et pleine
d'esprit, s'attache à la sensualité et la
volupté de la vie.

Théophile de Viau, *Jean Daret. Estampe* XVIIe *siècle, château de Versailles.*

Lecture de Paul et Virginie dans le salon de Madame Necker à Paris d'après Félix Philippoteaux, v. 1880. Gravure colorisée sur bois, Berlin.

Les salons mondains et préciosité

Par exemple, les joues sont appelées « les trônes de la pudeur » et les yeux « les miroirs de l'âme. »

Spirituelle et cultivée, la marquise de Rambouillet (1588-1665) fait salon dans son hôtel parisien. La haute noblesse et les écrivains à la mode comme Voiture, Corneille et Bossuet s'y rencontrent. Leur raffinement et la subtilité de leurs jeux poétiques sont à l'origine d'un nouveau courant littéraire, la préciosité. Le poète précieux s'ingénie à trouver les formules délicates et rares pour remplacer des expressions communes. Ce jeu d'esprit s'exprime surtout dans la poésie galante.

Ordre et mesure

Au contraire du baroque, le classicisme, autre mouvement artistique et littéraire, vante l'ordre, la mesure et l'équilibre. Préférant un style poli et noble, il oppose au foisonnement une symétrie sobre, à l'exubérance la rigueur, au pouvoir de l'imaginaire la force de la raison.

Des règles sont fixées que tout poète classique se doit de respecter.

Molière se moque, dans *Les Précieuses ridicules* (1659), de cet art quand il est poussé à l'extrême.

Voiture (1597-1648) est le poète galant et précieux par excellence. Il privilégie des formes brèves (sonnets, épîtres).

Richelieu crée l'Académie française (1634) qui travaille à l'élaboration d'un dictionnaire, d'une grammaire, d'une poétique et d'une rhétorique.

FRANÇOIS DE MALHERBE

Malherbe (1555-1628), poète officiel du roi, pratique d'abord une poésie baroque, puis s'oriente vers une **épuration de la langue et du style**. Il considère le poète comme un « ouvrier du verbe », un artisan qui ajuste ses vers et parvient à l'harmonie.
Le poète **Boileau** lui rend hommage en ces termes :

Enfin Malherbe vint, et, le premier en France,
Fit sentir dans les vers une juste cadence ;
D'un mot mis en sa place enseigna le pouvoir
Et réduisit la muse aux règles du devoir.

De règles pour la poésie

Les règles peuvent être contournées pour les besoins de la métrique ou pour la rime. On accepte : « je croi », « je voi », « encor », « jusques ».

Malherbe est le premier poète à énoncer les règles du classicisme. Il reprend celles des poètes de la *Pléiade*, et défend une langue épurée, un travail minutieux sur les mots et leurs sonorités, un agencement réfléchi du poème, et l'observation des règles de versification.

Il préconise l'emploi de l'alexandrin (12 syllabes) plutôt que du décasyllabe (10 syllabes). L'octosyllabe (8 syllabes), plus léger, est réservé aux pièces comiques. La rime féminine (e muet) et la rime masculine (consonne ou diphtongue) doivent alterner. Le sens et la forme doivent concorder, la syntaxe doit, autant que possible, respecter le vers (la phrase ne doit pas « déborder »).

Le poète et le roi

Jean Racine faisant la lecture à Louis XIV. Gravure par Charon d'après Bouchot, BNF.

Louis XIV favorise et encourage le développement des arts. Il protège les écrivains et leur offre pensions et subventions, mais sait user de la censure si un ouvrage lui semble immoral. Des hommes de talent l'entourent, le divertissent, louent ses qualités, et s'autorisent parfois, à mots voilés, une critique du régime ou des hommes de cour, comme La Fontaine dans certaines fables.

Des animaux et des hommes

La Fontaine, conteur et moraliste, choisit la fable qui mêle habilement récit et morale. L'histoire est simple et raconte les aventures d'animaux, d'hommes ou d'éléments naturels confrontés à une situation délicate (tromperie, deuil, maladie, etc.). Il s'agit en fait de peindre les hommes sans le dire directement. La Fontaine justifie ce choix en écrivant : « Je me sers d'animaux pour instruire les hommes. »

Instruire et plaire

La Fontaine nous livre une vision de la société, dénonce certains rapports de force et invite à méditer sur les défauts des hommes. Il met son art au service d'un message : la morale qui, sous la forme d'une formule courte, se retient facilement.

Succès et parodies

Mises en musique, et de nombreuses fois illustrées, les *Fables* de La Fontaine font partie de notre patrimoine collectif. Enseignées à l'école et apprises par cœur par les élèves, elles ont toujours connu un grand succès. Le succès ne va jamais sans imitation ou caricature, ainsi humoristes, publicitaires ou écrivains se sont amusés à réécrire les fables et à reformuler les morales.

Ce genre poétique lui permet d'assouplir les règles de versification et de faire alterner vers longs et vers courts, ce qui participe beaucoup à son charme.

Les animaux, choisis avec soin, représentent un caractère bien défini. Par exemple, le lion incarne le roi, le renard, le flatteur qui trompe l'autre sans scrupule et l'âne, le faible exploité.

JEAN DE LA FONTAINE (1621-1695)

Vers 1652, grâce à un de ses poèmes, La Fontaine obtient la protection du surintendant du roi, Fouquet, qui jouit d'une grosse fortune. Il abandonne alors la charge de son père, maître des eaux et forêts, et se consacre à l'écriture.

C'est sous la protection de la duchesse d'Orléans qu'il publie, en 1668, les six premiers livres des *Fables*, dédiés au Dauphin. Devenu le protégé de Mme de La Sablière, il est reçu à l'Académie française en 1684. Le dernier livre des fables sort en 1694, un an avant sa mort.

Son talent a renouvelé le genre ancien de la fable pratiqué par Ésope et Phèdre. Avec ses fables, petites comédies en vers, La Fontaine atteint la perfection dans l'agencement du récit et la peinture des hommes à travers les animaux.

Portrait de Jean de La Fontaine, estampe, château de Versailles.

Quelques morales célèbres

« La raison du plus fort est toujours la meilleure. »

« Rien ne sert de courir ; il faut partir à point. »

« On a toujours besoin d'un plus petit que soi. »

« Apprenez que tout flatteur vit aux dépens de celui qui l'écoute. »

« Patience et longueur de temps font plus que force ni que rage. »

La querelle des Anciens avec les Modernes

À la fin du XVIIᵉ siècle, deux visions de la littérature s'opposent. Les Anciens, comme Boileau et La Fontaine, défendent l'imitation des modèles antiques, alors que les Modernes, menés par Perrault, revendiquent la nouveauté, recherchent une littérature en progrès et un style renouvelé qui n'affiche plus l'influence de la Grèce ou de Rome. Cette querelle va durer jusqu'en 1694, elle annonce les changements poétiques qui verront le jour un siècle plus tard.

Portrait de Nicolas Boileau, Jean-Baptiste Santerre, 1684, huile sur toile.

Après la mort de son père en 1657, Nicolas Boileau (1636-1711) se consacre à la poésie et compose des satires. Pensionné par le roi en 1676, il fréquente Molière et Racine. Il publie les *Épîtres*, *Le Lutrin* et son *Art poétique*.

Après des études d'avocat, Charles Perrault (1628-1703) gagne la confiance de Colbert et contrôle, en 1688, les grands travaux de Versailles. Il se consacre ensuite à la littérature. Ce sont ses *Contes de ma mère l'Oye* qui l'ont rendu célèbre.

LA CIGALE, LE TABAC ET LA FOURMI

Une affiche a été réalisée par *La Ligue nationale contre le cancer* dans le cadre d'une campagne contre le tabac.

Le titre est évocateur : « La cigale, le tabac et la fourmi ».

La fable de La Fontaine, revisitée pour les circonstances, commence ainsi : « La cigale ayant fumé tout l'été, se trouva fort dépourvue quand le manque fut venu. » Et se finit par la réplique de la fourmi – qui n'est pas fumeuse (c'est là son moindre défaut) :

« Vous fumiez, eh bien toussez maintenant ! »

VARIATIONS AUTOUR D'UNE FABLE

La Cigale et la Fourmi
Jean de La Fontaine

La cigale, ayant chanté
Tout l'été,
Se trouva fort dépourvue
Quand la bise fut venue :
Pas un seul petit morceau
De mouche ou de vermisseau.
Elle alla crier famine
Chez la fourmi sa voisine,
La priant de lui prêter
Quelque grain pour subsister
Jusqu'à la saison nouvelle.
« Je vous paierai, lui dit-elle,
Avant l'août, foi d'animal,
Intérêt et principal.
La fourmi n'est pas prêteuse :
C'est là son moindre défaut.
« Que faisiez-vous au temps
chaud ?
Dit-elle à cette emprunteuse.
– Nuit et jour à tout venant
Je chantais, ne vous déplaise.
– Vous chantiez ? j'en suis fort
aise :
Eh bien ! dansez mainte-
nant. »

La cimaise et la fraction
Raymond Queneau

*Pour transformer la fable, le poète a appli-
qué un principe simple : il remplace chaque
nom, adjectif, verbe et adverbe par le sep-
tième mot qui suit dans le dictionnaire.*

La cimaise ayant chaponné
tout l'éternueur
se tuba fort dépurative
quand la bixacée fut verdie :
pas un sexué pétrographique morio de
mouffette ou de verrat.
Elle alla crocher frange
Chez la fraction sa volcanique
La processionnant de lui primer
Quelque gramen pour succomber
Jusqu'à la salanque nucléaire.
« Je vous peinerai, lui discorda-t-elle,
avant l'apanage, folâtrerie d'Annamite !
interlocutoire et priodonte. »
La fraction n'est pas prévisible :
c'est là son moléculaire défi.
« Que ferriez-vous au tendon cher ?
discorda-t-elle à cette énarthrose.
– Nuncupation et joyau à tout vendeur,
Je chaponnais, ne vous déploie.
– Vous chaponniez ? J'en suis fort
alarmante.
Eh bien ! débagoulez maintenant. »

La Fourmi et la Cigale

Maxime-Léry

Traînant un grain de blé posé sur un fétu,
Madame la fourmi rencontre la cigale
Dans la pinède provençale.

« C'est toi, ma bonne grosse ? Eh bé, comment
vas-tu ?
– À la douce, fourmi, tu vois, je tambourine
  Des deux côtés de mon bedon pointu.
Ça fait moitié cymbale et moitié mandoline,
Grâce au corset vibrant dont mon corps est vêtu,
  J'ai mon petit luth de poitrine.
Mon refrain est joli ? – Je le trouve agaçant,
  [...]
Au lieu de musiquer, cigale, écoute-moi,
  [...]
L'hiver ma belle, il faut manger.
– Que me servirait d'engranger ?
Répond l'instrumentiste ardente et monotone.
Tout ce dont j'ai besoin, le soleil me le donne.
Quand j'ai pondu, quand j'ai vibré, je meurs.
Je ne redoute point l'hiver et ses rigueurs,
Puisque je serai morte au début de l'automne. »

La Cigale et la Fourmi, Jean Ignace Isidore Gerard (1803-1849), Fables de La Fontaine, Bibliothèque Nationale.

6

LE ROMANTISME

Première moitié du XIXe siècle

La poésie délaissée

Les Lumières est le mouvement intellectuel et philosophique du XVIIIe. Il tient son nom des lumières qu'apporte la Raison. En France, Montesquieu, Rousseau, Diderot en sont les grandes figures.

Le XVIIIe siècle est connu pour ses philosophes, ses scientifiques et ses hommes politiques. Soucieux de faire évoluer la société, les hommes des Lumières préfèrent écrire dans une prose efficace pour transmettre leurs idées. Pour cette raison, la poésie française ne connaît pas de mutation importante jusqu'au début du XIXe siècle, ce qui explique sans doute le désert poétique associé à cette période. Quelques poètes français néanmoins ont laissé de très beaux vers mais le renouveau poétique viendra de l'étranger. On peut citer l'abbé Delille (1738-1813) et surtout André Chénier (1762-1794)

qui nous a laissé de belles *Idylles* (la *Jeune Tarentine*)
et les *Bucoliques* et les *Élégies* où transparaît sa vive
admiration pour la poésie antique.

Pour un monde nouveau

Les poètes anglais, marqués par la Révolution
française, veulent voir dans la devise « Liberté,
Égalité, Fraternité » l'annonce d'un monde plus
juste. Leurs poèmes s'opposent à la morale bien
pensante de l'époque, et expriment leur désir
de lutter contre les inégalités sociales
qu'aggrave la révolution industrielle.
Leur poésie révoltée, parfois provocatrice,
est empreinte de naïveté car écrite dans une
langue simple et sincère. Elle reflète les
aspirations de ces jeunes poètes qu'on
appelle les romantiques.

*Une sculpture romantique
qui répond à la nouvelle
exigence de vérité dans l'expression,
de naturel dans le traitement
anatomique.
Jehan Duseigneur,
Roland furieux,
1831, bronze,
musée du Louvre,
Paris.*

SIX POÈTES ROMANTIQUES ANGLAIS

→ William Blake (1757-1827)

William Blake joue un rôle important dans l'essor du romantisme. Considéré parfois comme fou, il compose une œuvre à la fois poétique et picturale, très symbolique et très riche. Dans *Chants de l'innocence* (1789) et *Chants de l'expérience* (1794), il imagine une nouvelle religion pour remplacer le christianisme. Il y exprime ses espoirs et ses déceptions face au monde qui l'entoure.

→ William Wordsworth (1770-1850)

William Wordsworth affirme que les paysans et les pauvres doivent pouvoir lire sa poésie. Dans son premier recueil, *Ballades lyriques* (1798), il refuse la complexité et la préciosité, et présente des scènes vécues à l'aide d'un vocabulaire épuré. Ses poèmes les plus connus sont *Michael* (1800), *Lucy* ou *La Chaumière en ruines* (1814).

→ George Gordon, lord Byron (1788-1824)

Lord Byron est l'une des principales figures du romantisme anglais. Rebelle et séducteur, il incarne le poète romantique par excellence. Éloigné de la vie politique à cause de sa vie dissolue, il s'engage auprès des opprimés, et part en Grèce combattre les Turcs. Il meurt là-bas d'une mauvaise fièvre. Son roman en vers, *Le Pèlerinage de Childe Harold*, peint la révolte d'un homme qui lui ressemble étrangement ; son poème *Don Juan* dénonce l'hypocrisie sociale et défend un amour libre.

Portrait de lord Byron, Théodore Géricault, huile sur toile, 1820, musée Fabre, Montpellier.

➡ Samuel Taylor Coleridge (1772-1834)

Coleridge est un ami de Wordsworth avec qui il partage le goût de la nature et de la poésie dans laquelle il exprime une émotion humaine poussée à son paroxysme. Affaibli par la drogue, il meurt d'une crise cardiaque. Son œuvre (*Ballade du vieux marin, Koubla Khân*) a séduit Byron et Keats.

➡ Percy Bysshe Shelley (1792-1822)

Shelley est un poète rebelle et anti-conformiste. Il voit dans l'église un pouvoir d'oppression, et vante l'amour libre.

Proche de Byron, il écrit, en 1813, son premier grand poème *La Reine Mab* puis se lance dans la rédaction de longs poèmes : *Alastor ou l'esprit de solitude* et *Prométhée délivré*. Mais ce sont ces courtes pièces qui sont les plus intéressantes : *Ode au vent d'ouest, À une alouette, Le Nuage*. La mort de son ami Keats l'affecte profondément et lui inspire des vers touchants, *Adonaïs*.

Percy Shelley, Amelia Curran, 1819, National Portrait Gallery, Londres.

➡ John Keats (1795-1821)

John Keats aime à évoquer la mélancolie du temps qui passe, l'amour et la nature. Parallèlement à cette poésie intime, il écrit des vers critiquant le pouvoir en place, ce qui lui vaut la haine des classes conservatrices. Atteint de tuberculose, il se sait condamné et écrit sur la mort et l'éternité de l'art. *Ode sur la mélancolie, Ode à un rossignol, Ode sur une urne grecque* et *Ode à l'automne* figurent parmi ses plus belles pièces.

Émotion et compassion

La phrase de Wordsworth : « Toute bonne poésie est le débordement spontané d'émotions puissantes. » pourrait définir la poésie romantique. C'est une poésie à fleur de peau, aux accents mélancoliques, parfois dramatiques, qui séduit par sa sincérité et ses envolées lyriques. Le poète, solitaire, amoureux d'une nature sauvage et mouvementée, traduit ses sentiments, ses émotions ou ses rêves.

Chanson folle de William Blake

Pleurent les vents sauvages
Et grelotte la nuit.
Visite-moi, Sommeil,
Et mes peines délie.
Ah ! mais le jour curieux
À l'orient s'est haussé ;
Par les oiseaux bruissants
La terre est délaissée.
[...]
Tel un démon dans un nuage
Qui vocifère son tourment,
C'est à la nuit que je m'attelle,
Avec la nuit que je voyage ;
Tournant le dos à l'orient
D'où jaillissait le réconfort,
Car la lumière emplit ma tête
D'une frénésie de douleur.

Le Voyageur au-dessus de la mer de nuages,
Caspar David Friedrich, huile sur toile, vers 1817.
Hamburger Kunsthalle, Hambourg.

LES POÈTES ROMANTIQUES ALLEMANDS

➜ Johann Wolfgang von Goethe (1749-1832)

Goethe est la figure maîtresse du romantisme allemand. Avec son roman, *Les Souffrances du jeune Werther* (1774), il en devient le chef de file. Son œuvre, considérable et variée, compte des poèmes, des romans, et des pièces de théâtre dont la plus connue est *Faust* (1798). Werther devient rapidement **le modèle du héros romantique**. Torturé par un amour malheureux, il fuit la compagnie des hommes, préfère une solitude austère et se plaît à voir la mort et le suicide comme une libération ultime. Voici un extrait du poème *Adieu* :

« *Insatiable après des milliers de baisers,*
J'ai dû sur un baiser à la fin dire adieu.
[...]
– Maisons et monts, coteaux, fleuves – aussi longtemps
Que je pus bien les voir, une somme de joies ;
Dans l'azur il resta enfin, bonheur des yeux,
Des lignes d'ombre enfuies au loin sous la clarté.

Et puis, lorsque la mer limita mon regard,
L'ardeur de mon désir reparut dans mon cœur ;
Dépité, je cherchai ce que j'avais perdu. »

➜ Friedrich von Schiller (1759-1805)

Séduit par l'œuvre de Rousseau, Schiller commence avec de la poésie lyrique, *L'Hymne à la joie* (1785) dont s'est inspiré Beethoven pour le finale de la *Neuvième symphonie*, puis il écrit plusieurs drames (dont *Les Brigands*) et publie ses célèbres *Ballades*. C'est en 1794 qu'il se lie avec Goethe. Ils dirigent ensemble des revues et le théâtre de Weimar.

Monnaie allemande, portrait du profil droit
de Friedrich Schiller, F. Barre, XIXᵉ siècle.

Le héros romantique

Le romantisme se développe en Allemagne autour de Schiller. La volonté des nouveaux poètes est de créer un *homme total* qui dépasserait les oppositions (invisible/visible, conscient/inconscient, réel/imaginaire). Pour exprimer ce désir de tout englober, ils choisissent la poésie.

Le romantisme en France

À partir de 1820 – l'année où Lamartine publie ses premières *Méditations poétiques* – la poésie romantique se développe en France. Les modèles antiques sont détrônés par l'œuvre des romantiques anglais et allemands qui apparaissent comme les nouvelles références à égaler. Le poète cherche à peindre ce que tout homme ressent à travers ses propres impressions. Il chante les états d'âme que peut éprouver son lecteur (la douleur, le mal de vivre, l'amour déçu ou impossible, l'inquiétude, l'espérance, le désespoir, la mort, la mélancolie…), ce qui donne une puissance universelle à ses vers.

Le romantisme touche la littérature mais aussi l'histoire, la religion, la philosophie et la musique.

« Ma vie est la vôtre, votre vie est la mienne, vous vivez ce que je vis […] Prenez donc ce miroir, et regardez-vous-y. On se plaint quelquefois des écrivains qui disent moi. Parlez-nous de nous, leur crie-t-on. Hélas ! quand je parle de moi, je parle de vous. Ne le sentez-vous pas ? ah ! insensé, qui crois que je ne suis pas toi ! » Victor Hugo.

Musset signe des vers célèbres où il fait de la douleur le cœur de son inspiration :
« Les plus désespérés sont les chants les plus beaux /
Et j'en sais d'immortels qui sont de purs sanglots. »

Théophile Gautier, lithographie, 1860.

LES POÈTES ROMANTIQUES EN FRANCE

→ Alphonse de Lamartine (1790–1869)

Après de solides études, Lamartine prend goût aux voyages et aux longues rêveries dans sa campagne natale. En 1820, il publie les *Méditations poétiques* qui connaissent un succès immédiat. Secrétaire d'ambassade à Florence, il écrit les *Nouvelles méditations*, *La Mort de Socrate*, *Le Dernier Chant du pèlerinage d'Harold*, et les *Harmonies*. Il entre à l'Académie française en 1830. Leader de la gauche libérale, il prépare la révolution de 1848. Il devient ministre des Affaires étrangères et membre du Gouvernement provisoire, mais l'élection de Louis-Napoléon à la présidence de la République l'éloigne de la vie publique et le ramène aux lettres.

Alphonse de Lamartine à Rome, 1828.

Ainsi commence le poème :

L'Isolement

Souvent sur la montagne, à l'ombre du vieux chêne,
Au coucher du soleil, tristement je m'assieds ;
Je promène au hasard mes regards sur la plaine,
Dont le tableau changeant se déroule à mes pieds.

Ici, gronde le fleuve aux vagues écumantes,
Il serpente, et s'enfonce en un lointain obscur
Là, le lac immobile étend ses eaux dormantes
Où l'étoile du soir se lève dans l'azur.
[…]

Alfred de Vigny (1797-1863)

Déçu de ne pouvoir mener une brillante carrière militaire, Alfred de Vigny démissionne de ses fonctions et se consacre à la littérature. Il participe au mouvement romantique dès 1828. Assez vite, il abandonne la poésie au profit du roman et du théâtre.

C'est après sa mort que parut le recueil de ses plus beaux poèmes, les *Destinées* (1864), où figurent *La Bouteille à la mer*, *L'Esprit pur*, *La Maison du berger* et *La Mort du loup* dont voici un extrait :

La Mort du loup

[...]

Le Loup vient et s'assied, les deux jambes dressées
Par leurs ongles crochus dans le sable enfoncées.
Il s'est jugé perdu puisqu'il était surpris,
Sa retraite coupée et tous ses chemins pris ;
Alors il a saisi, dans sa gueule brûlante,
Du chien le plus hardi la gorge pantelante
Et n'a pas desserré ses mâchoires de fer,
Malgré nos coups de feu qui traversaient sa chair
Et nos couteaux aigus qui, comme des tenailles,
Se croisaient en plongeant dans ses larges entrailles,
Jusqu'au dernier moment où le chien étranglé,
Mort longtemps avant lui, sous ses pieds a roulé.
Le Loup le quitte alors et puis il nous regarde.
Les couteaux lui restaient au flanc jusqu'à la garde,
Le clouaient au gazon tout baigné dans son sang,
Nos fusils l'entouraient en sinistre croissant. —
Il nous regarde encore, ensuite il se recouche
Tout en léchant le sang répandu sur sa bouche,
Et, sans daigner savoir comment il a péri,
Refermant ses grands yeux, meurt sans jeter un cri. [...]

Alfred de Vigny vers l'âge de 17 ans, attribué à François-Joseph Kinson, huile sur toile, musée Renan-Scheffer.

⮕ Victor Hugo (1802-1885)

Doué d'un grand talent, Victor Hugo est précoce et se consacre à la littérature où il connaît un immense succès, et s'engage en politique. Il reçoit la Légion d'honneur en 1825, entre à l'Académie française en 1841, est nommé pair de France en 1845, puis élu député de l'Assemblée constituante de 1848. En 1851, après le coup d'État, il est dans l'opposition, et s'exile à l'étranger. Il rentre à Paris en 1870, devient député de Paris, puis sénateur. Il meurt le 23 mai 1885, la France organise des funérailles nationales. Il repose au Panthéon.

Parmi son œuvre colossale, ses recueils poétiques sont nombreux : *Les Feuilles d'automne* (1831), *Les Chants du crépuscule* (1835), *Les Voix intérieures* (1837), les *Rayons et les Ombres* (1840), *Les Châtiments* (1853), *Les Contemplations* (1856), *La légende des siècles* (1859).

Lettre de Victor Hugo à sa femme, (Audernarde, 24 août - Tournai, 26 août 1837), *BNF.*

Demain, dès l'aube...

Demain, dès l'aube, à l'heure où blanchit la campagne,
Je partirai. Vois-tu, je sais que tu m'attends.
J'irai par la forêt, j'irai par la montagne.
Je ne puis demeurer loin de toi plus longtemps.
Je marcherai les yeux fixés sur mes pensées,
Sans rien voir au dehors, sans entendre aucun bruit,
Seul, inconnu, le dos courbé, les mains croisées,
Triste, et le jour pour moi sera comme la nuit.
Je ne regarderai ni l'or du soir qui tombe,
Ni les voiles au loin descendant vers Harfleur,
Et, quand j'arriverai, je mettrai sur ta tombe
Un bouquet de houx vert et de bruyère en fleur.

Gérard de Nerval (1808–1855)

Après une traduction remarquée de *Faust*, Gérard de Nerval publie ses premières poésies baptisées *Odelettes* en référence à Ronsard. Intéressé par l'ésotérisme, il compose une œuvre difficile (*Les Chimères*). Hanté par la figure de la femme aimée, il développe, dans ses nouvelles (*Les Filles du feu*), des thèmes romantiques : l'amour impossible, la nostalgie d'un passé heureux, la fascination de la mort.

Une allée du Luxembourg

Elle a passé, la jeune fille,
Vive et preste comme un oiseau :
À la main une fleur qui brille,
À la bouche un refrain nouveau.

C'est peut-être la seule au monde
Dont le cœur au mien répondrait,
Qui, venant dans ma nuit profonde
D'un seul regard l'éclaircirait !

Mais non, – ma jeunesse est finie...
Adieu, doux rayon qui m'as lui,
Parfum, jeune fille, harmonie...
Le bonheur passait, – il a fui !

Alfred de Musset en costume
de page, lithographie,
d'après Achille Devéria, 1830.

Alfred de Musset (1810–1857)

Surnommé « l'enfant prodige » mais aussi « l'enfant terrible » du romantisme, Alfred de Musset écrit des poèmes dès 14 ans. À 18 ans, il donne lecture, au Cénacle, des *Contes d'Espagne et d'Italie* qui impressionnent l'auditoire. Sa liaison avec George Sand bouleverse sa vie et lui inspire *La Confession d'un enfant du siècle* qui exprime le mal du siècle de la jeunesse. Ses envolées lyriques et l'expression de sa douleur se trouvent aussi dans *Les Nuits* (1835-1837). À partir de 1840, victime de ses excès d'alcool et affaibli par la maladie, il écrit de moins en moins. Il entre à l'Académie française en 1852.

Le poète désenchanté et solitaire

La jeunesse de l'époque rêve d'un engagement impossible car la Révolution et les épopées napoléoniennes appartiennent au passé. Nostalgiques et désenchantés, les jeunes trouvent difficilement leur place dans la société, qu'ils jugent terne. Déçus du monde, les poètes romantiques se réfugient dans le rêve. Ils se nourrissent d'images insolites, et font de leurs poèmes le miroir de ces visions extraordinaires et fascinantes. Le lecteur pénètre un autre monde, un au-delà mystérieux, parfois effrayant. Ils transcrivent dans leurs poèmes leurs impressions fugitives, expriment par des envolées lyriques ce que leur inspire un paysage isolé et solitaire. Tout en décrivant la nature, ils évoquent sentiments et émotions et, parfois, dans un élan presque mystique, découvrent la présence cachée de Dieu.

Des thèmes renouvelés

Le poète romantique écarte les thèmes mythologiques et puise dans le merveilleux chrétien ou l'histoire nationale en réhabilitant le Moyen Âge. Il cherche à ouvrir aux lecteurs des horizons nouveaux et n'hésite pas à évoquer les coutumes et les couleurs exotiques de terres étrangères. Musset décrit souvent le charme de l'Espagne et de l'Italie (*Contes d'Espagne et d'Italie,* 1829), Nerval préfère l'Orient (*Voyage en Orient,* 1851).

Exaltation des sentiments

La poésie romantique se caractérise par une expression spontanée, presque celle d'une confidence : le poète dévoile son intimité. C'est une poésie du caprice, du ressenti et de l'exaltation. Pour exprimer cette effusion des sens, le poète choisit ses rythmes, et adopte des formes poétiques nouvelles en harmonie avec les émotions exprimées. Certaines formes poétiques traditionnelles sont maintenues, les rimes conservées et l'alexandrin reste maître.

Le poète romantique peut aussi s'engager politiquement comme l'ont fait Victor Hugo, Lamartine ou Vigny. Investis d'une mission, les poètes – « les premiers éducateurs du peuple » (Victor Hugo) – doivent jouer un rôle social de premier plan.

La poésie romantique est le plus souvent lyrique mais elle peut être épique, ainsi Hugo rénove l'épopée dans *La légende des siècles* (1859), ou Lamartine dans *Jocelyn* (1836) et *La Chute d'un ange* (1838).

Tristesse d'Alfred de Musset

J'ai perdu ma force et ma vie,
Et mes amis et ma gaîté;
J'ai perdu jusqu'à la fierté
Qui faisait croire à mon génie

Quand j'ai connu la Vérité,
J'ai cru que c'était une amie
Quand je l'ai comprise et sentie,
J'en étais déjà dégoûté.

Et pourtant elle est éternelle,
Et ceux qui se sont passés d'elle
Ici-bas ont tout ignoré.

Dieu parle, il faut qu'on lui réponde.
Le seul bien qui me reste au monde
Est d'avoir quelquefois pleuré.

LES PARNASSIENS

Le « Parnasse » doit son nom a une revue littéraire, Le Parnasse contemporain, *à laquelle les différents poètes participaient. Ce nom, emprunté à la mythologie grecque, désigne aussi la montagne où Apollon et les Muses se retrouvaient.*

➡ Théophile Gautier (1811-1872)

D'abord proche de la jeunesse romantique, Théophile Gautier s'en éloigne et défend sa théorie de « l'art pour l'art » dans son recueil *Émaux et Camées.* Il devient alors **le maître de la nouvelle génération poétique.**

Son œuvre littéraire est variée, il est attiré par tous les genres et notamment par le roman historique (le *Roman de la momie, Le Capitaine Fracasse*).

Il prône un travail acharné sur la langue, veut faire respecter une versification plus stricte, et conçoit chaque poème comme la miniature d'un joaillier. Il écrit, comme une adresse au poète :

« *Sculpte, lime, cisèle ;*
Que ton rêve flottant
Se scelle
Dans le bloc résistant. »

Théophile Gautier,
lithographie, 1860.

➡ Charles Leconte de Lisle (1818-1894)

Après avoir échoué en politique, Leconte de Lisle se consacre aux lettres. Son œuvre (*Poèmes antiques, Poèmes barbares, Poèmes tragiques*) traduit sa volonté de composer une poésie impersonnelle et presque scientifique. Il entre à l'Académie française en 1884.

Les poètes parnassiens sont nombreux, mais leur poésie est un peu oubliée aujourd'hui, on peut aussi citer Théodore de Banville (1823-1891), Armand Sully Prudhomme (1839-1907) et José Maria de Heredia (1842-1905).

Les cercles littéraires

Les grands poètes romantiques français se réunissent dans des cercles littéraires ; Hugo crée le Cénacle, qui rassemble les grandes figures du mouvement. Il y défend sa vision du poète comme « mage du peuple » et critique le pouvoir en place. D'autres poètes, les Parnassiens, refusent de mettre la poésie au service de causes politiques ou sociales, et ne veulent pas être des poètes engagés. Ils défendent la théorie de « l'art pour l'art », soit une poésie composée pour le plaisir.

« Il n'y a vraiment de beau que ce qui ne peut servir à rien ; tout ce qui est utile est laid », nous dit Théophile Gautier, dans la préface de *Mademoiselle de Maupin*.

Les poètes ne sont plus pensionnés par un roi ni par un riche mécène, ils vivent dorénavant de leur plume. Parallèlement à leurs œuvres publiées, ils écrivent des articles dans la presse.

Victor Hugo est victime de la censure : *Les Châtiments* (1853), recueil dans lequel il exprime sa colère contre Napoléon III, sont interdits.

DE BAUDELAIRE À MALLARMÉ

Seconde moitié du XIXᵉ siècle

Le poète maudit

Les poètes de la seconde moitié du XIXᵉ siècle conservent certains thèmes mis à l'honneur par les romantiques – la mélancolie, le mal du siècle, la douleur – mais leur vision du poète est différente. Pour eux, le poète est un homme à part, souvent marginal, que son génie place au-dessus de la foule qu'il méprise. Il se vit comme un éternel incompris, rejeté, maudit.

Errance et solitude

Ces nouveaux poètes cherchent un sens à donner à leur vie. Ils vagabondent et se révoltent contre une société conformiste, insensible à leur génie. Ils vivent leurs errances, géographiques et poé-

Ma Bohème (Fantaisie)

Je m'en allais, les poings dans mes poches crevées ;
Mon paletot aussi devenait idéal ;
J'allais sous le ciel, Muse ! et j'étais ton féal ;
Oh ! là là ! que d'amours splendides j'ai rêvées !

Mon unique culotte avait un large trou.
— Petit-Poucet rêveur, j'égrenais dans ma course
Des rimes. Mon auberge était à la Grande-Ourse.
— Mes étoiles au ciel avaient un doux frou-frou

Et je les écoutais, assis au bord des routes,
Ces bons soirs de septembre où je sentais des gouttes
De rosée à mon front, comme un vin de vigueur ;

Où, rimant au milieu des ombres fantastiques,
Comme des lyres, je tirais les élastiques
De mes souliers blessés, un pied près de mon cœur !

Arthur Rimbaud

tiques, en solitaires, et sont hantés comme
Baudelaire et Mallarmé par la crainte de n'être
plus inspirés. Tous deux évoquent la douleur qu'ils
éprouvent quand ils écrivent, et leur angoisse de
la page blanche. Leurs poèmes expriment leur
découragement et le désespoir.

Ma bohème, Arthur Rimbaud, poème autographe, 1870.

Il pleut doucement sur la ville
de Paul Verlaine

Il pleure dans mon cœur
Comme il pleut sur la ville :
Quelle est cette langueur
Qui pénètre mon cœur ?

Il pleure sans raison
Dans ce cœur qui s'écœure.
Quoi ! nulle trahison ?
Ce deuil est sans raison.

Ô bruit doux de la pluie
Par terre et sur les toits !
Pour un cœur qui s'ennuie
Ô le chant de la pluie !

C'est bien la pire peine
De ne savoir pourquoi
Sans amour et sans haine
Mon cœur a tant de peine !

Voici par exemple quelques titres des poèmes de Verlaine, parus dans *Poèmes saturniens* : *Lassitude, Résignation, Cauchemar, Effets de nuit, Paysages tristes.*

Le spleen

La solitude du poète s'accompagne souvent de lassitude et de dégoût. Le terme anglais *spleen* définit cet état de mélancolie profonde. Le poète, pris par des crises d'angoisse, développe des thèmes récurrents : la tristesse, la noirceur, la mort, un mal de vivre inexplicable et insurmontable. Baudelaire, dont quatre poèmes s'intitulent *Spleen*, le définit ainsi : « un

Le Rêve du poète, *Paul Cézanne.*
Huile sur toile,
musée Granet, Aix-en-Provence.

immense découragement, une sensation d'isolement insupportable, une peur perpétuelle d'un malheur vague, une défiance complète de ses forces, une absence totale de désirs, une impossibilité de trouver un amusement quelconque. »

Spleen de Charles Baudelaire

Quand le ciel bas et lourd pèse comme un couvercle
Sur l'esprit gémissant en proie aux longs ennuis,
Et que de l'horizon embrassant tout le cercle
Il nous verse un jour noir plus triste que les nuits ;
[…]
Quand la pluie étalant ses immenses traînées
D'une vaste prison imite les barreaux,
Et qu'un peuple muet d'infâmes araignées
Vient tendre ses filets au fond de nos cerveaux,
[…]
Et de longs corbillards, sans tambours ni musique,
Défilent lentement dans mon âme ; l'Espoir,
Vaincu, pleure, et l'Angoisse atroce, despotique,
Sur mon crâne incliné plante son drapeau noir.

Autoportrait,
Charles Baudelaire.
Plume, encre brune et
crayon rouge,
musée du Louvre,
Paris.

Révolte et poésie

Ces nouveaux poètes sont habités par la révolte, et rêvent de liberté. Ils franchissent avec arrogance les barrières du classicisme et du romantisme, créent une langue poétique surprenante.

Dans son long poème en prose, les *Chants de Maldoror*, Lautréamont mêle passages lyriques et scènes morbides. Conscient de la violence et de l'immortalité de ses vers, il met en garde le lecteur : « Il n'est pas bon que tout le monde lise les pages qui vont suivre [...] Par conséquent, âme timide, avant de pénétrer plus loin dans de pareilles landes inexplorées, dirige tes talons en arrière et non en avant. »

Lautréamont, poète de la rébellion et de l'irrespect, montre une fascination provocante et dérangeante pour tout ce qui est répugnant : les araignées, les poux, la putréfaction de la chair. Il décline avec virtuosité des thèmes sataniques et monstrueux, et se perd souvent dans l'exaltation du Mal. Ce sont les surréalistes qui découvrent son œuvre à la fois visionnaire et provocatrice.

Peindre la ville

Alors que le poète romantique contemple la nature, Baudelaire introduit la ville en poésie. Dans ses *Tableaux parisiens*, il peint un paysage urbain traversé par le mouvement de la foule, par le bruit d'une scène de rue. Il montre ceux que la ville aimerait cacher : les veuves, les aveugles, les petites vieilles et les prostituées. La ville le fascine par les contraires qui s'y rencontrent, par tout ce qu'elle réunit et vomit à la fois.

Le symbolisme

Le poète Jean Moréas (1856-1910) définit ainsi ce mouvement poétique qui cherche à suggérer les choses par le biais d'images assez difficiles.

On peut citer Albert Samain (1858-1900), Henri de Régnier (1864-1936) et Maurice Maeterlinck (1862-1949).

Vers 1880, le symbolisme se développe avec Verlaine, Rimbaud et surtout Mallarmé qui reçoit chez lui d'autres poètes. Leur poésie doit rendre sensible le mystère du monde et livrer des impressions fugitives. Le monde apparaît presque flou, à travers cette écriture expressive, qui ne cesse de se chercher pour atteindre l'absolu des choses.

Images et musique

Le poète rassemble des images déroutantes pour atteindre le Beau et l'Idéal. La poésie devient l'art d'évoquer, de suggérer des impressions fortes, des sentiments ou même une sensation d'ivresse, de donner à voir, de nourrir l'imaginaire. À la manière des impressionnistes, le poète procède par touches, privilégie les nuances, et crée une harmonie savante de sonorités. Nouvel Orphée, le poète est plus que jamais musicien. Sensible aux mots, à l'impression qu'il crée, il veut charmer par des jeux de résonances. Les mots tissent des réseaux sonores qui font la force musicale et l'unité du poème.

Alchimie verbale et mystère

Pour transmettre des sensations inconnues et parvenir à une meilleure connaissance de soi, Rimbaud cherche une langue nouvelle. La poésie des *Illuminations* dévoile des images surprenantes, des paysages fantasmés, des créatures étranges au sens parfois obscur. Mallarmé va encore plus loin dans la fulgurance poétique qui ne se laisse pas facilement décrypter. Il place au centre de sa poétique le mystère, et se montre très exigeant pour atteindre la « poésie pure » : la poésie devient laboratoire d'images et lieu d'expérimentation. Cette recherche permanente de la perfection semble hermétique aux profanes.

Cf. chapitre 1.

Verlaine commence son *Art poétique* par ces vers :
« De la musique avant toute chose/ Et pour cela préfère l'Impair/ Plus vague et plus soluble dans l'air,/ Sans rien en lui qui pèse ou qui pose. »

Cette musicalité verbale a inspiré des musiciens contemporains comme Gabriel Fauré (1845-1924) et Claude Debussy (1863-1918), qui ont mis en musique certains poèmes particulièrement évocateurs.

« Nommer un objet, c'est supprimer les trois quarts de la jouissance du poème qui est faite du bonheur de deviner peu à peu ; le suggérer, voilà le rêve. » Mallarmé

LES POÈTES MAUDITS

➜ Charles Baudelaire (1821-1867)

Bien que mélancolique et solitaire, Charles Baudelaire fréquente les salons littéraires parisiens où il s'exerce comme critique d'art (*Salons*). En 1855, il publie 18 de ses poèmes dans la *Revue des Deux Mondes*. Le scandale éclate, ses vers sont jugés contraires à la morale. Quand son recueil, les *Fleurs du mal*, sort deux ans plus tard, Baudelaire est condamné. Malgré une vie difficile (mauvaise santé, manque d'argent...), il continue à écrire et compose les poèmes en prose, publiés après sa mort (*Spleen de Paris*). Son œuvre a profondément modifié la poésie française.

Baudelaire écrit non sans provocation :

« *Il faut être toujours ivre. Tout est là : c'est l'unique question.*
Pour ne pas sentir l'horrible fardeau du temps qui brise vos épaules
et vous penche vers la terre, il faut vous enivrer sans trêve.
Mais de quoi ? De vin, de poésie ou de vertu, à votre guise.
Mais enivrez-vous. »

➜ Paul Verlaine (1844-1896)

Jeune, Paul Verlaine fréquente les cafés littéraires et participe au mouvement du Parnasse. Il publie deux recueils, *Poèmes saturniens* et *Fêtes galantes*, où apparaissent ses thèmes préférés : la mélancolie et le regret. En 1872, abandonnant femme et enfants, il suit Rimbaud à Londres, où ils mènent tous deux une vie houleuse et instable. Ils gagnent ensuite Bruxelles, mais une dispute éclate et Verlaine tire sur son ami qu'il blesse. Condamné à deux ans de prison, Verlaine semble se repentir et se tourne vers la religion (*Sagesse*). Libéré, il mène une vie dissolue, entre alcool et maladie ; c'est pourtant à cette époque qu'il connaît la gloire. Il est sacré « Prince des poètes » par la revue *La Plume* et meurt peu de temps après, misérablement.

Arthur Rimbaud (1854-1891)

Brillant élève, Arthur Rimbaud s'attire la sympathie d'un de ses professeurs, qui l'initie à la poésie. Il compose, et cherche sa langue poétique. Rebelle, amoureux de liberté, il fugue à plusieurs reprises et prend goût à l'errance. Il accompagne Verlaine à Londres et à Bruxelles. Après leur dispute, il se réfugie dans les Ardennes. Il retourne en Angleterre, puis renonce à l'écriture. Son génie fulgurant s'est exprimé pendant cinq ans (de 15 à 20 ans), et tient en une centaine de pages (*Le Bateau ivre*, *Lettre du voyant*, *Une saison en enfer*, *Illuminations*). Devenu un voyageur infatigable (Java, Chypre, Éthiopie, Égypte), il ne se soucie plus de littérature. C'est Verlaine qui entreprend de faire découvrir son œuvre. Rimbaud est considéré comme l'enfant prodige de la poésie, le poète visionnaire qui inaugure une nouvelle écriture poétique.

Au coin de table, *Ignace Fantin-Latour, 1872. Huile sur toile, musée d'Orsay, Paris. De gauche à droite : Verlaine, Rimbaud, Bonnier, Valade, Blémont, Aicant, d'Hervilly, Pelletan.*

STÉPHANE MALLARMÉ

Stéphane Mallarmé (1842-1898) mène une vie simple de professeur d'anglais, et consacre le reste de son temps à la poésie. Il envoie ses premiers poèmes à une revue parnassienne, puis écrit pour le théâtre (*L'Après-midi d'un faune* et *Hérodiade*). Son recueil de poèmes est publié en 1887 (*Poésies*). Poète difficile et fascinant, il fut considéré comme un maître par les poètes du XXᵉ siècle. Il permit une révolution poétique en travaillant sur le langage pur. Sa poésie est connue pour son hermétisme.

Le Vierge, le Vivace...

*Portrait de Mallarmé dédicacé
au modèle, Paul Gauguin, 1891.
Eau-forte sur velin,
coll. part, Paris.*

*Le vierge, le vivace et le bel aujourd'hui
Va-t-il nous déchirer avec un coup d'aile ivre
Ce lac dur oublié que hante sous le givre
Le transparent glacier des vols qui n'ont pas fui ?*

*Un cygne d'autrefois se souvient que c'est lui
Magnifique mais qui sans espoir se délivre
Pour n'avoir pas chanté la région où vivre
Quand du stérile hiver a resplendi l'ennui*

*Tout son col secouera cette blanche agonie
Par l'espace infligé à l'oiseau qui le nie,
Mais non l'horreur du sol où le plumage est pris.*

*Fantôme qu'à ce lieu son pur éclat assigne,
Il s'immobilise au songe froid de mépris
Que vêt parmi l'exil inutile le Cygne.*

Mallarmé refuse de faire une description classique. Tout est dans une évocation presque abstraite de la plume non pas du cygne mais du poète.

Poème en prose et vers libre

Le poème en prose ne possède ni vers ni rime, et s'organise simplement en paragraphes, à la manière des strophes. Cette forme poétique, très souple, s'adapte facilement aux mouvements de l'esprit, aux rêves, aux méditations… Le vers classique obéit à un rythme donné et comporte un nombre défini de syllabes, or le vers libre rompt avec ces règles. Il commence par une majuscule, mais ne respecte aucune régularité. En l'utilisant, le poète organise sa vision du monde selon un rythme unique.

Aloysius Bertrand a inauguré le poème en prose dans son recueil *Gaspard de la nuit,* où il retranscrit ses rêves.

Rimbaud emploie le vers libre dans les *Illuminations* et Jules Laforgue (1860-1887) dans *Les Complaintes,* et *L'Imitation de Notre-Dame de la Lune.*

Le goût de la provocation

La fin du XIXe siècle est marquée par le décadentisme, un courant qui rassemble écrivains, peintres et musiciens. L'esprit décadent se nourrit du spleen de Baudelaire et en fait un état permanent : le héros vit l'écœurement du monde au quotidien, et il se complaît dans une dépression inguérissable. À cette atmosphère maladive, il faut ajouter le goût du luxe excessif, des espaces surchargés, de la provocation et de l'anticonformiste. Un thème phare de l'esprit décadent est le mythe de Salomé, femme à la fois séductrice et sorcière. Ce mythe inspire les écrivains, le peintre Gustave Moreau (*Salomé dansant,* 1876), et le musicien Richard Strauss avec son opéra *Salomé* en 1905.

Ce mythe est raconté dans l'Évangile de Marc. Salomé danse devant Hérode et lui demande en récompense la tête du prophète Jean-Baptiste, qu'on lui apporte sur un plateau.

Flaubert (*Hérodias,* 1877), Mallarmé (*Hérodiade,* 1869), Jules Laforgue (une des *Moralités légendaires,* 1887), Oscar Wilde (*Salomé,* 1896), Apollinaire (*Salomé,* dans *Alcools,* 1913).

8

DU SURRÉALISME
À LA POÉSIE ENGAGÉE

Première moitié du XXe siècle

Première moitié du XXe siècle

De grands romanciers se sont ainsi lancés en poésie avant de délaisser les vers pour la prose, c'est le cas de Charles Maurras, André Gide, Jules Romains, Georges Duhamel, et François Mauriac.

Le prestige de la poésie

Au début du XXe siècle, écrire des vers semble être le passage obligé pour penser à une carrière littéraire. Aujourd'hui oubliés, ces poèmes symbolistes sont publiés souvent dans des revues de plus en plus nombreuses. Leurs jeunes auteurs espèrent se faire remarquer lors de manifestations sur la poésie ; c'est dans cet esprit qu'est créé le Congrès des poètes, en 1903.

Un regard d'enfant

Refusant d'obéir à une école, quelques poètes, « les naturistes », adoptent une langue nouvelle qui annonce les mutations poétiques du siècle. À la recherche d'une langue simple, presque dépouillée, ils fuient l'hermétisme de Mallarmé et tentent d'exprimer la naïveté de l'enfance, les joies de la vie sans les alourdir de symboles.

Trois poètes ont particulièrement affiché cette volonté de limpidité : Francis Carco (1886-1958), Paul Fort (1872-1960) et Francis Jammes (1868-1938).

« Il n'y a qu'une école : celle où, comme des enfants qui imitent aussi exactement que possible un beau modèle d'écriture, les poètes copient avec conscience un joli oiseau, une fleur, ou une jeune fille. »
Francis Jammes

LE PRINCE DES POÈTES

Paul Fort (1872-1960), élu « prince des poètes » en 1912, dirige la revue *Vers et Prose* et organise des réunions, pendant lesquelles les artistes échangent leurs idées et réfléchissent au rayonnement de leur création.

Paul Fort en 1950.

Le Bonheur

Le bonheur est dans le pré. Cours-y vite, cours-y vite. Le bonheur est dans le pré. Cours-y vite. Il va filer.

Si tu veux le rattraper, cours-y vite, cours-y vite. Si tu veux le rattraper, cours-y vite. Il va filer.
[...]
Sur les cornes du bélier, cours-y vite, cours-y vite, sur les cornes du bélier, cours-y vite. Il va filer.
[...]
Saute par-dessus la haie, cours-y vite, cours-y vite. Saute par-dessus la haie, cours-y vite ! Il a filé !

Émile Verhaeren (1855-1916), dans *Les Campagnes hallucinées, Les Villes tentaculaires, Les Forces tumultueuses*, présente la société qui se modernise. Il cherche à saisir l'âme de la ville et de ses habitants.

Chanter le monde moderne

Préférant l'agitation des villes, d'autres poètes chantent l'industrialisation et l'émergence du monde ouvrier, montrent des paysages nouveaux qui s'ordonnent autour de la gare ou du port. À bord d'un paquebot ou d'un train, les poètes voyagent et découvrent les gratte-ciel de New York ou la campagne chinoise. La modernité fascine par

???

DES POÈTES VOYAGEURS

→ **Valery Larbaud (1881-1957)**
Passionné de voyages et de langues étrangères, Valéry Larbaud traduit des auteurs américains, espagnols et brésiliens. Son long poème, *Les Poésies d'A. O. Barnabooth*, ressemble à un journal de voyage poétique où il livre ses impressions au fil de ses pérégrinations.

→ **Victor Segalen (1878-1919)**
Engagé dans la médecine navale, Victor Segalen découvre Tahiti et la culture océanique, puis l'Orient (la Chine et le Tibet) qui le fascine. Sa poésie (*Stèles, Odes, Tibet*) est fortement marquée par la culture orientale. Ses poèmes, accompagnés d'idéogrammes, font se bousculer les mots avec mystère.

→ **Blaise Cendrars (1887-1961)**
Blaise Cendrars crée une œuvre romanesque (*L'Or* et *Moravagine*) et poétique (*Pâques à New York, La Prose du Transsibérien et de la petite Jehanne de France*), où s'entrechoquent les inventions du monde moderne (music-hall, cinéma, publicité) et ses découvertes de grand voyageur (Mandchourie, Perse, Sibérie, États-Unis).

les métamorphoses qu'elle impose au monde et par les possibilités qu'elle offre. Sur un rythme trépidant qui semble reproduire les secousses du voyage et le tourbillon du monde, cette poésie rassemble les sensations éprouvées et l'ivresse de la découverte.

Des mots nouveaux

La modernité entre en poésie accompagnée de son cortège de mots jusque-là interdits. Les mots de tous les jours remplacent le vocabulaire recherché ou précieux. Le poète cite une marque de machine à écrire, décrit une affiche, vante les mérites de l'électricité, ou chante la tour Eiffel. La ponctuation disparaît, comme pour rendre compte du frémissement d'une danse ininterrompue qui ne supporterait pas les pauses.

La tour Eiffel, symbole de la modernité, fascine les poètes : Cendrars compose un poème, *La Tour* (1910), Apollinaire la compare à une bergère, Aragon écrit *La tour parle* (1922). Jean Cocteau tourne un film, *Les Mariés de la tour Eiffel*, et les peintres comme Robert Delaunay captent les reflets de cette nouvelle architecture.

La Tour Eiffel, *Robert Delaunay, 1910, lithographie, musée d'Orsay, Paris.*

Réveil de Blaise Cendrars

Je dors toujours les fenêtres ouvertes
J'ai dormi comme un homme seul
Les sirènes à vapeur et à air comprimé
*   ne m'ont pas trop réveillé*
Ce matin je me penche par la fenêtre
Je vois
Le ciel
La mer
La gare maritime par laquelle j'arrivais
*   de New York en 1911 [...]*

Foi et poésie

Face aux poètes amoureux de la modernité, deux poètes, Charles Péguy et Paul Claudel, choisissent de célébrer le monde comme création de Dieu. Leurs poèmes reprennent souvent le rythme des prières ou des versets de la Bible. Pour eux, la mélodie des vers doit évoquer le souffle de l'inspiration et la présence de Dieu. Ils manifestent leur joie d'être au monde, et leur œuvre crée un lien privilégié avec le sacré.

??

LES POÈTES MYSTIQUES

→ Charles Péguy (1873-1914)

Après de brillantes études, Charles Péguy anime une revue, les *Cahiers de la quinzaine* (229 cahiers, de 1900 à 1914), dans laquelle il signe des articles qui affichent ses combats : la cause de Dreyfus, le nationalisme, le socialisme... Il donne à sa poésie des accents mystiques très puissants (les *Mystères* et les *Tapisseries*). Il meurt au front pendant la Première Guerre mondiale, lors de la bataille de la Marne.

→ Paul Claudel (1868-1956)

Lecteur passionné de Rimbaud, Paul Claudel mène une carrière diplomatique qui le mène aux États-unis et en Asie. Sa découverte du monde s'accompagne d'une quête mystique. Il étudie la Bible et ne cesse de méditer sur sa foi. Il publie des pièces de théâtre (*Partage de midi, L'Annonce faite à Marie, Le Soulier de satin*) et une œuvre poétique qui célèbre les mystères de Dieu, les *Cinq Grandes Odes*.

Peinture et poésie

Pris dans la fièvre créatrice des années 1920, Guillaume Apollinaire se passionne pour la modernité et les mouvements d'avant-garde. Il crée un lieu de rencontre à Montmartre, « le Bateau-Lavoir », où se retrouvent les défenseurs de l'Art nouveau, notamment les peintres du mouvement cubiste ou futuriste comme Picasso, Braque ou Derain. Sa poésie, patchwork d'impressions, cherche à la manière d'une toile cubiste à tout livrer d'un coup : il multiplie les images, pour donner à voir la vie sous tous ses aspects.

Apollinaire, *Louis Marcoussis, gravure, 1934, pour le recueil Alcools.*

Entre innovation et tradition

Guillaume Apollinaire aime créer des surprises et reprend la forme du calligramme. Le poème suggère, par la disposition du texte sur la page, le thème évoqué : un jet d'eau, une colombe, une couronne, un cœur... Il se donne à lire et à voir. Par ailleurs, Apollinaire modernise, en y mêlant des images poétiques nouvelles, la forme de la lamentation. Il décline le lyrisme de l'amoureux déçu, se plaint de la fuite du temps, et redoute la venue de la mort. Son poème le plus connu est sans doute *La Chanson du mal aimé* composé de 295 vers.

Le mouvement cubiste cherche à peindre un objet sous toutes ses facettes. Il juxtapose différents angles pour créer l'impression de tout voir en même temps.

« Les poètes [...] sont encore et surtout les hommes du vrai, en tant qu'il permet de pénétrer dans l'inconnu, si bien que la surprise, l'inattendu, est un des principaux ressorts de la poésie d'aujourd'hui. »
G. Apollinaire

Une poésie en recherche

Paul Valéry (1871-1945), écrit de la poésie, *La Jeune Parque*, et *Charmes*, et des essais critiques sur les arts (poésie, danse, architecture). Il entre à l'Académie française (1925) et devient professeur au Collège de France (1937). À sa mort des funérailles nationales sont organisées.

Une voix s'élève contre cette poésie qui se modèle sur les sentiments du poète, celle de Paul Valéry, qui refuse l'inspiration de type romantique. Il se livre à une recherche permanente pour trouver l'alchimie verbale la plus puissante afin que la poésie retrouve sa fonction première : envoûter, ensorceler l'oreille. Pour lui, la poésie est le fruit d'un travail patient et précis sur le langage. C'est la raison qui l'emporte sur la spontanéité.

Les Grenades de Paul Valéry

Dures grenades entr'ouvertes
Cédant à l'excès de vos grains,
Je crois voir des fronts souverains
Éclatés de leurs découvertes !

Si les soleils par vous subis,
Ô grenades entre-bâillées,
Vous ont fait d'orgueil travaillées
Craquer les cloisons de rubis,

Et que si l'or sec de l'écorce
À la demande d'une force
Crève en gemmes rouges de jus,

Cette lumineuse rupture
Fait rêver une âme que j'eus
De sa secrète architecture.

GUILLAUME APOLLINAIRE

→ Guillaume Apollinaire (1880-1918) est un des poètes les plus « complets » du début du siècle. Émerveillé par le monde, il chante tour à tour *l'ivresse de la modernité,* et la *complainte éternelle de l'amoureux.* Il est blessé à la guerre, et meurt en 1918 de la grippe espagnole. Son succès est considérable. En 1985, plus d'un million d'exemplaires de son recueil *Alcools* s'étaient déjà vendus, ce qui est exceptionnel pour de la poésie.

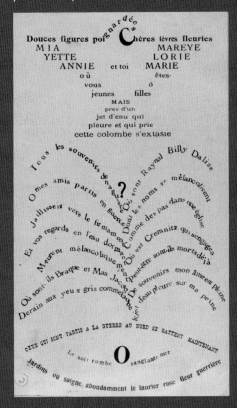

La Colombe poignardée *et le* Jet d'eau, *issus de Calligrammes, Guillaume Apollinaire, éd. Gallimard, bibliothèque littéraire Jacques-Doucet, Paris.*

Plusieurs poètes ont été soldats : Charles Péguy est mort en 1914 ; Blaise Cendrars a été amputé d'une main ; Apollinaire a été blessé à la tête.

Dès 1916, le mouvement dada se forme autour de Tristan Tzara (1896-1963). Il réunit des sculpteurs, peintres et écrivains à la recherche d'un langage total qui mélangerait toutes les techniques.

Protestation et provocation

Après la Première Guerre mondiale et son très lourd bilan humain, la société change en profondeur. La poésie aussi. Un nouveau mouvement, le dadaïsme, se forme contre l'ordre social et les traditions littéraires, politiques, religieuses. Ces poètes innovent en travaillant sur le langage comme matériau : ils font des collages, jouent avec la typographie, introduisent des bruits, sans se soucier du sens : « dada ne signifie rien ». Ils veulent créer une poésie déconcertante et effrontée.

Pour faire un poème dadaïste de Tristan Tzara

Prenez un journal.

Prenez des ciseaux.

Choisissez dans ce journal un article ayant la longueur que vous comptez donner à votre poème.

Découpez l'article.

Découpez ensuite avec soin chacun des mots qui forment cet article et mettez-les dans un sac.

Agitez doucement.

Sortez ensuite chaque coupure l'une après l'autre dans l'ordre où elles ont quitté le sac.

Copiez consciencieusement.

Le poème vous ressemblera.

Et vous voilà un écrivain infiniment original et d'une sensibilité charmante encore qu'incomprise du vulgaire.

Le Rendez-vous des amis, *Max Ernst, huile sur toile, 1922. Museum Ludwig, Cologne. Parmi les artistes représentés, on reconnaît A. Breton, L. Aragon, R. Desnos, P. Eluard, J. Paulhan.*

La démarche surréaliste

Séduit d'abord par le mouvement dada, André Breton crée ensuite son propre mouvement poétique : le surréalisme qui rassemble peintres, écrivains, cinéastes, photographes, à la recherche d'une beauté libérée des canons classiques. Il s'agit de briser les tabous et de lutter contre le conformisme en libérant le langage. Michel Leiris (1901-1990) a été marqué par le surréalisme avant de se plonger dans une œuvre autobiographique. Il explique ainsi la démarche surréaliste : « Que les mots me cherchent au lieu que je cherche mes mots ! / Que leur souffle me soulève et non que j'use mon souffle à les faire se lever ! […] »

Le mot surréalisme est emprunté à Apollinaire : « Quand l'homme a voulu imiter la marche, il a créé la roue, qui ne ressemble pas à une jambe. Il a fait ainsi du surréalisme sans le savoir. »

DES POÈTES SURRÉALISTES

→ Paul Eluard (1895-1952)

Dès l'âge de 18 ans, Paul Eluard s'éprend de poésie. Il rejoint les surréalistes, et compose pour la Résistance *Poésie et Vérité* (1942). Il s'éloigne du groupe et publie une œuvre poétique traversée par un élan amoureux, une joie fraternelle, un souffle lyrique qui font de lui un poète à part (*Capitale de la douleur, L'Amour, la poésie*). Il est un des plus grands poètes du XXᵉ siècle : la sensualité et la fulgurance des images sont source d'une émotion ravivée à chaque lecture.

La Courbe de tes yeux

La courbe de tes yeux fait le tour de mon cœur,
Un rond de danse et de douceur,
Auréole du temps, berceau nocturne et sûr,
Et si je ne sais plus tout ce que j'ai vécu
C'est que tes yeux ne m'ont pas toujours vu.

Feuilles de jour et mousse de rosée,
Roseaux du vent, sourires parfumés,
Ailes couvrant le monde de lumière,
Bateaux chargés du ciel et de la mer,
Chasseurs des bruits et sources des couleurs

Parfums éclos d'une couvée d'aurores
Qui gît toujours sur la paille des astres,
Comme le jour dépend de l'innocence
Le monde entier dépend de tes yeux purs
Et tout mon sang coule dans leurs regards.

⚡ André Breton (1896–1966)

Lecteur de Rimbaud, Lautréamont et Apollinaire, fasciné par les découvertes de Freud sur l'inconscient, André Breton s'engage en poésie au sein du mouvement dada. Il prend ses distances avec Tristan Tzara, et fonde le mouvement surréaliste. Son œuvre : *Les Champs magnétiques*, *Nadja*, *L'Union libre*, *L'Amour fou* est l'illustration de cette nouvelle esthétique.

⚡ Robert Desnos (1900–1945)

Lié au mouvement dada, Robert Desnos joue ensuite un rôle important parmi les surréalistes. Il s'engage dans la Résistance, est déporté en Tchécoslovaquie où il meurt. Son œuvre poétique (*La Liberté ou l'Amour*, *Corps et biens*, *Fortunes*) reflète son goût pour l'écriture automatique, le récit des rêves et les associations incongrues.

Robert Desnos

⚡ Louis Aragon (1897–1982)

Ami de Breton, Louis Aragon s'associe aux mouvements d'avant-garde littéraire et publie des poèmes où se mêlent rêve et merveilleux.
Il s'engage au Parti communiste, écrit de nombreux poèmes pour la Résistance (*La Diane française*), renoue avec une poésie amoureuse (*Les Yeux d'Elsa*) et se tourne vers le roman. Il est l'un des très grands poètes du xxᵉ siècle, souvent chanté, notamment par Jean Ferrat.

Louis Aragon, Paul Eluard
et Francis Ponge en réunion politique, 1946,
Robert Doisneau.

Écriture automatique

Les surréalistes se réclament héritiers de certains poètes de la modernité comme Baudelaire, Rimbaud ou Lautréamont. Ils s'intéressent au mouvement romantique qui ouvre la poésie au « moi », à l'imagination et à la spontanéité des émotions.

Curieux de pénétrer les zones inconnues de l'être, notamment l'inconscient, ils pratiquent l'écriture automatique (écrire sans contrainte, sans sujet, sans se relire) et racontent leurs rêves, univers mystérieux où la logique n'a pas cours. En explorant ainsi le langage, ils font naître des poèmes insolites et jubilatoires où d'incroyables images surgissent.

Exemples d'images surréalistes : « La terre est bleue comme une orange » (Eluard), « La poudre aux yeux n'est que le sable du sommeil » (Aragon).

Poésie et engagement

Le mouvement surréaliste se double d'un engagement politique, notamment auprès des communistes. Les poètes de la Résistance s'engagent, et cherchent à restaurer l'espoir, à mener les hommes vers la paix. Leurs poèmes prennent l'allure de chansons qui doivent unir les hommes contre les nazis et les forces collaborationnistes. Ils font entendre leurs voix, dans un hymne commun, le *Chant des partisans*, écrit par Joseph Kessel et son neveu, Maurice Druon.

Parmi les poètes résistants, on peut aussi citer Jean Cassou et Jean Tardieu.

Le célèbre poème de Paul Eluard *Liberté*, paru dans *Poésie et Vérité* en 1942, fut massivement diffusé sur la France par l'aviation britannique.

Le Chant des partisans

Ami, entends-tu
Le vol noir des corbeaux
Sur nos plaines ?
Ami, entends-tu
Les cris sourds du pays
Qu'on enchaîne ?
Ohé partisans,
Ouvriers et paysans,
C'est l'alarme...
Ce soir l'ennemi
Connaîtra le prix du sang
Et les larmes.

Montez de la mine,

Descendez des collines,
Camarades !
Sortez de la paille
Les fusils, la mitraille,
Les grenades.
Ohé, les tueurs à la balle
Et au couteau, tuez vite !
Ohé, saboteur, attention à
ton fardeau : dynamite...
C'est nous qui brisons les
barreaux des prisons
pour nos frères.

[...]

D'autres voix

Certains poètes, contemporains des surréalistes, ne se retrouvent pas dans ce mouvement frondeur et s'attachent à trouver leur propre voix. C'est une poésie qui capte des émotions intérieures, assemble des fragments de vie, comme celles de Pierre Reverdy (1889-1960) ou de Jules Supervielle (1884-1960). Saint-John Perse (1887-1975) célèbre les éléments naturels dans un éloge du monde sous forme d'invocation grandiose et enivrante. Ils annoncent la complexité de la poésie contemporaine qu'il est difficile de caractériser ou de rassembler dans un seul mouvement poétique.

Les poètes luttent pour la liberté comme Pablo Neruda (Chili) ou Federico García Lorca (Espagne).

9

LA POÉSIE CONTEMPORAINE

De 1945 à nos jours

Éparpillement et dispersion

Après la Seconde Guerre mondiale, faute de pro-
jet commun et de cause à défendre, les poètes se
dispersent. Ils revendiquent leur indépendance et
refusent d'appartenir à une école ou à un mouvement poétique. Dans cet éparpillement – la poésie moderne est à mille voix – deux grands poètes
se dressent indiscutablement, Eluard et Aragon,
auréolés par leur rôle pendant la Résistance.

Un domaine réservé

L'enthousiasme du public pour la poésie retombe.
Les poètes, dans l'ensemble, sont peu connus du

La poésie moderne
trouve difficilement
ses lecteurs, elle
semble réservée au
abonnés de revues et
universitaires.

grand public et publient à compte d'auteur. Leur travail sur le langage, dans la droite ligne de Rimbaud ou Mallarmé, rend parfois la lecture difficile, leurs poèmes sont mystérieux et obéissent à des règles impénétrables aux profanes.

RENÉ CHAR

René Char (1907-1988) fait ses premières armes poétiques aux côtés des surréalistes dans les années 1930, et écrit pour la Résistance *Seuls demeurent* et les *Feuillets d'Hypnos*, très bien accueillis à la Libération. Il reprend ces poèmes dans *Fureur et Mystère* (1948). Il se retire ensuite en Provence et poursuit ses recherches poétiques. Grand admirateur de Rimbaud, il refuse la simplicité et compose dans une langue difficile.

René Char, portrait photographique de Man Ray, 1940.

La compagne du vannier

« *Je t'aimais. J'aimais ton visage de source raviné par l'orage et le chiffre de ton domaine enserrant mon baiser. Certains se confient à une imagination toute ronde. Aller me suffit. J'ai rapporté du désespoir un panier si petit, mon amour, qu'on a pu le tresser en osier.* »

Parler à tous

À l'opposé de cette poésie hermétique, d'autres poètes veulent être compris de tous. Jacques Prévert affiche ce désir absolu de partager des « paroles » ou des « histoires » simples et de peindre un « spectacle » qui traduit son émerveillement face au monde. Ses poèmes mêlent jeux de mots, expressions familières et tendresse, dressent des inventaires inclassables et montrent les bizarreries des hommes.

L'humour des mots

Le langage est aussi un espace de jeu, et plusieurs poètes associent la poésie au rire, à la fantaisie originale de leur esprit espiègle. L'orthographe se transforme et obéit à des règles phonétiques, le poète invente son propre vocabulaire : Raymond Queneau fait de la « poaisie ».

Le pouvoir des choses

Avec Francis Ponge (1899-1988) les choses prennent la parole. Il les observe, les dispose sur sa page et laisse l'espace poétique s'ouvrir à l'épaisseur de la matière muette. Son travail sur les mots est incessant pour être le plus fidèle à ce qu'il peint : une cruche, une lessiveuse, une huître, une bougie... Ses poèmes en prose sont de petits joyaux. Son œuvre (*Le Parti pris des choses*, 1942, *Le Grand Recueil*, 1961) examine les objets tels qu'ils sont.

La fonction du poète selon Francis Ponge : « Ouvrir un atelier pour y prendre le monde en réparation, comme un horloger – réparateur attentif du homard et du citron, de la cruche et du compotier. »

Eugène Guillevic (né en 1907) cerne les choses en silence : ses poèmes, souvent très courts, s'intitulent *Les Rocs, La Bouteille, Un clou...*

Poésie et chanson

La simplification des vers, le goût des répétitions, le travail sur les sonorités et la musicalité des mots font évoluer certains poèmes vers la chanson. À la manière des troubadours, de grands auteurs-compositeurs vont critiquer de manière satirique la société, ou avec des accents lyriques vont exprimer le regret amoureux. La chanson partage avec la poésie le goût d'une langue unique capable de faire naître l'émotion et le trouble de l'âme.

Georges Brassens (1921-1981), Jacques Brel (1929-1978) et Boby Lapointe (1922-1972).

???

FRANCIS PONGE

Admirateur des poètes classiques, Francis Ponge travaille à créer une langue extrêmement précise qui épouse parfaitement l'objet qu'il décrit.

L'Huître

L'huître, de la grosseur d'un galet moyen, est d'une apparence plus rugueuse, d'une couleur moins unie, brillamment blanchâtre. C'est un monde opiniâtrement clos. Pourtant on peut l'ouvrir : il faut alors la tenir au creux d'un torchon, se servir d'un couteau ébréché et peu franc, s'y reprendre à plusieurs fois. Les doigts curieux s'y coupent, s'y cassent les ongles : c'est un travail grossier. Les coups qu'on lui porte marquent son enveloppe de ronds blancs, d'une sorte de halos.

À l'intérieur l'on trouve tout un monde, à boire et à manger : sous un firmament (à proprement parler) de nacre, les cieux d'en dessus s'affaissent sur les cieux d'en dessous, pour ne plus former qu'une mare, un sachet visqueux et verdâtre, qui flue et reflue à l'odeur et à la vue, frangé d'une dentelle noirâtre sur les bords.

Parfois très rare une formule perle à leur gosier de nacre, d'où l'on trouve aussitôt à s'orner.

DES POÈTES QUI JOUENT AVEC LES MOTS

→ Jacques Prévert (1900-1977)

Proche des surréalistes dans les années 1920, Jacques Prévert s'en éloigne mais conserve leur liberté de ton et d'association d'idées. Son goût des mots le conduit à choisir une langue simple et donne à son œuvre poétique (*Paroles, Histoires, Spectacle*) une tonalité orale et populaire.

Il travaille aussi pour le cinéma : il est l'auteur des dialogues des films *Drôle de drame* (1937) et des *Enfants du paradis* (1945) de Marcel Carné. Son œuvre, inclassable, parfois amusante, parfois critique, séduit les écoliers et les chansonniers qui ont mis ses vers en musique.

Portrait de Jacque *Prévert par Picas* *1956. BNF, Paris.*

Les Enfants du paradis, *affiche pour le film de Marcel Carné, 1945.*

Les enfants qui s'aiment

« *Les enfants qui s'aiment s'embrassent debout*
Contre les portes de la nuit
Et les passants qui passent les désignent du doigt
Mais les enfants qui s'aiment
Ne sont là pour personne
Et c'est seulement leur ombre
Qui tremble dans la nuit
Excitant la rage des passants
Leur rage leur mépris leurs rires et leur envie
Les enfants qui s'aiment ne sont là pour personne
Ils sont ailleurs bien plus loin que la nuit
Bien plus haut que le jour
Dans l'éblouissante clarté de leur premier amour. »

⇥ Raymond Queneau (1903–1976)

Raymond Queneau participe au mouvement surréaliste et fonde l'Oulipo (L'OUvroir de la LIttérature POtentielle), ouvert à toutes sortes d'expérimentations sur le langage. Il publie plusieurs recueils poétiques. Il pratique dans son œuvre, *Exercices de style* (1947), *Zazie dans le métro* (1959), un humour bien à lui. Élu à l'Académie Goncourt (1951), il crée l'Encyclopédie de la Pléiade chez Gallimard.

Raymond Queneau par Édouard Boubat, 1964.

Pour un art poétique

Prenez un mot prenez-en deux
faites-les cuir' comme des œufs
prenez un petit bout de sens
puis un grand morceau d'innocence
faites chauffer à petit feu
au petit feu de la technique
versez la sauce énigmatique
saupoudrez de quelques étoiles
poivrez et puis mettez les voiles
où voulez-vous en venir ?
À écrire
            Vraiment ? à écrire ?? ⇒

⇥ Henri Michaux (1899–1984)

Henri Michaux décide de voyager grâce à la poésie (*L'Espace du dedans*, 1927 ; *La nuit remue*, 1935). Il crée des mondes fictifs (*Voyage en Grande Garabagne*, 1936) et s'illustre dans l'art de forger des mots. Il se laisse porter par des sonorités suggestives. Le langage est, pour lui, comme une matière à pétrir. Son œuvre (*Plume, la Vie dans les plis*) est à la fois cocasse et déroutante.

D'AUTRES POÈTES CONTEMPORAINS

Leopold Sédar Senghor et
André Malraux en 1961.

➡ Léopold Sédar Senghor (1906–2001)

Né au Sénégal, Léopold Senghor fait ses études à Paris. À partir de 1945, il entame une carrière politique qui le conduira à la présidence du Sénégal en 1960. Il est élu à l'Académie française en 1983. Son œuvre littéraire et poétique (*Chants d'ombre, Nocturnes, Élégies majeures*), revendique sa négritude et défend le métissage culturel.

Femme nue, femme noire
Vêtue de ta couleur qui est vie, de ta forme qui est beauté
J'ai grandi à ton ombre ; la douceur de tes mains bandait mes yeux
Et voilà qu'au cœur de l'Été et de Midi,
Je te découvre, Terre promise, du haut d'un haut col calciné
Et ta beauté me foudroie en plein cœur, comme l'éclair d'un aigle.

➡ Aimé Césaire (1913–2008)

Poète des Antilles, Césaire développe avec Senghor le principe de négritude pour redonner au peuple noir sa dignité et sa fierté. Fortement influencé par le surréalisme, il mêle dans son poème, *Cahier d'un retour au pays natal*, un français d'une grande pureté et des expressions des îles.

Je viendrais à ce pays mien et je lui dirais : Embrassez-moi sans crainte... Et si je ne sais que parler, c'est pour vous que je parlerai. »
Et je lui dirais encore :
« Ma bouche sera la bouche des malheurs qui n'ont point de bouche,
ma voix, la liberté de celles qui s'affaissent au cachot du désespoir.
[...]

Claude Roy (1915-1997)

Prisonnier pendant la guerre de 1940, Claude Roy s'évade et se lance en poésie. Devenu correspondant de guerre, il adhère au Parti communiste qu'il quittera en 1957. Il fréquente les grands poètes de la Résistance comme Aragon. En 1985, il est récompensé du premier prix Goncourt de poésie. Son œuvre, extrêmement variée, comporte des poèmes (*Poésies, Enfantasques, À la lisière du temps*), des essais sur l'art, des romans, des livres pour enfants et une autobiographie.

Alain Bosquet (1919-1998)

Alain Bosquet, de son vrai nom Anatole Bisk, quitte sa Russie natale avec son père, lui-même poète, et s'installe à Bruxelles où il commence à publier. Son œuvre est reconnue, il est nommé président de l'Académie européenne de la poésie à Luxembourg. Professeur, journaliste, critique littéraire, directeur de revue et écrivain, Alain Bosquet est l'auteur d'une œuvre riche qui oscille entre confidences et peinture du monde.

> *Aimer la poésie,
> c'est aimer le monde
> tel qu'il aurait pu être.*

Yves Bonnefoy (né en 1923)

Profondément marqué par la lecture de Baudelaire, Rimbaud et Mallarmé puis par sa rencontre avec André Breton et les surréalistes, Yves Bonnefoy écrit une poésie neuve. Traducteur de l'œuvre de Shakespeare, il poursuit son œuvre poétique (*Les Planches courbes*) et prend enseigne, depuis 1981, au collège de France. Il se veut présent aux réalités du monde. Sa poésie est un chant du concret, de la vie et de la mort.

Philippe Jaccottet (né en 1925)

Traducteur d'auteurs allemands (Goethe, Hölderlin) et d'Homère, Philippe Jaccottet compose une poésie qui accueille les mystères du monde sans penser les résoudre. À travers ses poèmes, il s'interroge sur le pouvoir et les limites du langage.

INFORMATIONS UTILES

::: Lire les poèmes

• Anthologies

Poèmes et poèmes
(Anne de Berranger, Flammarion
Jeunesse, 2012)

*Les plus beaux poèmes d'hier et
d'aujourd'hui*
(Jacques Charpentreau,
Le Livre de Poche Jeunesse, 2011)

• Dictionnaire

Dictionnaire de la poésie française
(Jacques Charpentreau, Fayard,
2006)

• Auteurs incontournables

Chez Gallimard Jeunesse (« Folio
Junior Poésie »), des recueils pour
découvrir un poète : *Jacques
Prévert, Raymond Queneau, Robert
Desnos, Jean Tardieu, Arthur
Rimbaud...*

Chez Milan, *Mon premier Verlaine,
Mon premier Hugo...*

• Poésie contemporaine

« Poèmes pressés », *La bouche
pleine*
(Bernard Friot, Milan, 2008)

Demain dès l'aube
(Jacques Charpentreau, Le Livre
de Poche Jeunesse, 2011)

Poètes pour le temps présent
(Collectif, Gallimard jeunesse, 2003

• Des thèmes

*La Liberté en poésie ; L'Arbre en
poésie ; La Ville en poésie ; Noël en
poésie*
(Collectifs, Gallimard jeunesse,
« Folio Junior Poésie »)

Quand les poètes s'amusent
(Jean-Hugues Malineau, Albin
Michel Jeunesse, 2014)

• Pour écrire

Jouer avec les poètes
(Jacques Charpentreau, Le Livre
de Poche Jeunesse, 2010)
L'Atelier de poésie
(Pierre Coran, Pascal Lemaître,
Casterman, 2007)
*Mon atelier d'écriture et mon
atelier de poésie*
(Christine Beigel et Rolande
Causse, Albin Michel Jeunesse,
2011)

@ Les sites internet

http://www.poesie.net/poetesfr.htm
http://www.toutelapoesie.com/poetes.htm

🏠 Les lieux à visiter

Musée Jean-de-La-Fontaine
Château-Thierry
Tél. : 03 23 69 05 60
contact@musee-jean-de-la-fontaine.fr

Musée Joachim-du-Bellay
« Le grand Logis »
49530 Liré
Tél. : 02 40 09 04 13
Fax : 02 40 09 00 87
musee-du-bellay@wanadoo.fr

Maison de Victor-Hugo
Hôtel de Rohan-Guéménée
75004 Paris
Tél. : 01 42 72 10 16
maisonsvictorhugo@paris.fr

Musée Alfred-de-Vigny
Le Maine-Giraud
16250 Champagne-Vigny
Tél. : 05 45 64 04 49
contact@mainegiraud.com

Musée Arthur-Rimbaud
Vieux-Moulin
08000 Charleville-Mézières
Tél. : 03 24 32 44 65
musees@mairie-charlevillemeziere.fr

Musée départemental
Stéphane-Mallarmé
Pont de Valvins
77870 Vulaines-sur-Seine
Tél. : 01 64 23 73 27
mallarme@cg77.fr

Musée Paul-Verlaine
08310 Juniville
Tél. : 03 24 39 68 00
musee.verlaine@wanadoo.fr

Centre Charles-Péguy
45000 Orléans
Tél. : 02 38 53 20 23
centre-peguy@ville-orleans.fr

Musée Paul-Valéry
34200 Sète
Tél. : 04 99 04 76 16
museepaulvalery@ville-sete.fr

Maison Elsa-Triolet-Aragon
Moulin de Villeneuve
78730 Saint-Arnoult-en-Yvelines
Tel : 01 30 41 20 15
info@maison-triolet-aragon.com

Maison Jacques-Prévert
Le Val
50440 Omonville-la-Petite
Tél/fax : 02 33 52 72 38
musee.omonville@cg50.fr

Qui suis-je ?

Retrouve le nom des poètes du xxᵉ siècle qui se cache sous chaque énigme.

1 Je suis l'auteur d'une poésie très variée, je séduis les enfants avec mes calligrammes ou les amoureux déçus avec « Le Pont Mirabeau ». Je suis mort de la grippe espagnole après la Première Guerre mondiale. Mon nom est ...

2 Je suis le fondateur du mouvement surréaliste dont j'ai signé le manifeste. Je chante, dans *L'Amour fou*, la femme, sa beauté, son amour. Mon nom est ...

3 Je suis sans doute un des plus grands poètes français du xxᵉ siècle. J'ai participé activement à la Résistance et mon poème « Liberté » en est la preuve. J'aime les images insolites et déroutantes. Mon nom est ...

4 Je suis à la fois poète et homme politique du Sénégal. Je défends la négritude à travers une poésie riche et engagée. Mon nom est ...

La bonne réponse

Pour chaque question, trois réponses sont proposées. À toi de trouver la bonne réponse.

1 Le poète de l'Antiquité est inspiré par les Muses. Elles sont au nombre de :
   a. 9
   b. 7
   c. 11

2 La Fontaine a repris les fables de :
   a. Cèdre
   b. Phèdre
   c. Malherbe

3 Les trouvères sont :
   a. des enfants trouvés.
   b. des acteurs.
   c. les troubadours du nord de la France.

4 *Les Sonnets pour Hélène* sont écrits par :
   a. Joachim du Bellay
   b. Pierre de Ronsard
   c. François Ier

5 Jean de La Fontaine a vécu sous le règne de :
   a. Henri IV
   b. Louis XIII
   c. Louis XIV

6 Victor Hugo pense que les poètes sont :
   a. les éducateurs du peuple.
   b. les jongleurs des temps modernes.
   c. les intermédiaires entre Dieu et les hommes.

Réponses : 1/ Qui suis-je ? : 1. Guillaume Apollinaire ; 2. André Breton ; 3. Paul Eluard ; 4. Léopold Sédar Senghor
2/ La bonne réponse : 1-a ; 2-b ; 3-c ; 4-b ; 5-c ; 6-a

JEUX

INDEX

Magali Wiéner (née en 1973) a signé plusieurs documentaires dans la collection « Castor Doc » : *Le Théâtre à travers les âges, Les Jeux olympiques d'hier à aujourd'hui, À la rencontre des chevaliers, À la rencontre des Romains.*

Elle est également l'auteure de romans pour adolescents : *Sophie Scholl, la rose de la Liberté* (Oskar, 2010), *Les Carcérales* (Milan, 2010, Prix Tatoulu noir et Prix du Festival du Livre Jeunesse d'Annemasse) et *Les yeux ouverts* (Kirographaires, 2011).

© crédits photographiques

© références des citations

p. 12 « Le massacre des prétendants », Homère, *L'Odyssée*, chants XXI-XXII, adapté et traduit du grec par Michel Woronoff, Casterman

p. 16 « Il est pareil aux dieux... », Sappho de Lesbos, *Traité du sublime*, 10, cité par Longin

p. 24 « Vivons ma Lesbie... », de Catulle, extrait de « Liber », traduction du latin de Pierre Feuga, collection Orphée, La Différence, 1989

p. 29 La prise de Troie, *L'Énéide*, livre II, adapté et traduit du latin par A. Dubourdieu, Casterman

p. 31 « Le Renard et les raisins », *Phèdre*, traduit par Magali Wiéner

p. 31 « Le Renard et les raisins », La Fontaine

p. 34 « La mort de Roland », *La chanson de Roland*, laisse 174, traduction de Ian Short, Le Livre de Poche @L.G.F, 1990

p. 37 « Tant j'ai le cœur plein de joie... », Bernard de Ventadour

p. 41 Rondeaux de Charles d'Orléans « Le temps a laissé son manteau »

p. 42 « La complainte Rutebeuf », Rutebeuf

p. 44 Un acrostiche, Villon, *Ballade des contrevérités*

p. 45 « Las ! Mort, qui t'a fait si hardie », Charles d'Orléans, Ballade XVII

p. 47 Extrait de « L'épitaphe Villon » ou « Ballade des pendus », Villon (1463)

p. 52 « J'ai grand désir », Clément Marot, *Adolescence clémentine*, 1453

p. 53 « Je vis, je meurs... », Louise Labé, Sonnets, VII, 1555

p. 56 « Heureux qui comme Ulysse », Du Bellay, Regrets, XXXI, 1558

p. 60 « Sonnets pour Hélène », Ronsard, Sonnets pour Hélène II, XLIII, 1578

p. 61 « Si tu t'imagines », Raymond Queneau, *L'Instant fatal*, Gallimard, 1948

p. 65 « Enfin Malherbe vint... », Boileau, *Art poétique*, Chant I

p. 70 « La Cigale et la fourmi », La Fontaine, *Fables*, 1, 1

p. 70 « La Cimaise et la fraction », Raymond Queneau, OuLiPo, *La Littérature potentielle*, coll. Idées, n° 289, Gallimard

p. 71 « La Fourmi et la cigale », Maxime-Léry, Fables, Firmin-Didot, 1953

p. 76 « Chanson folle », William Blake, *Œuvres*, traduction de P. Leyris, Aubier-Flammarion, 1974

p. 78 « Adieu », Goethe, *Poésies*, traduction de Roger Ayrault, Aubier, 1965

p. 80 « L'Isolement », Lamartine, *Méditations poétiques*, I, 1820

p. 81 « La Mort du loup », Alfred de Vigny, *Les Destinées*, 1843

p. 82 « Demain, dès l'aube... », Victor Hugo, *Les Contemplations*, IV, 14

p. 83 « Une allée du Luxembourg », Gérard de Nerval, *Odelettes rythmiques et lyriques*, 1852

p. 85 « Tristesse », Alfred de Musset, *Poésies Nouvelles*

p. 86 « L'Art », Théophile Gautier, *Émaux et Camées*, 1852-1872

p. 89 « Ma Bohème », Rimbaud, *Poésies*, 1871

p. 90 « Il pleut sur la ville », Verlaine, *Romances sans paroles*, 1874

p. 91 « Spleen », Baudelaire, *Les Fleurs du mal*, « Spleen et idéal », LXXVIII 1857

p. 92 Chant premier, Lautréamont, *Les chants de Maldoror*

p. 93 « Art poétique », Verlaine, *Jadis et Naguère*

p. 93 Réponse de Mallarmé à l'enquête de Jules Huret (journaliste de *l'Écho de Paris*), 1891

p. 94 « Il faut toujours être ivre », Baudelaire, *Petits poèmes en prose*, 1869

p. 96 « Le Vierge, le vivace », Mallarmé, *Poésies*, 1887

p. 99 « Le Bonheur », Paul Fort, *Ballades françaises*, Flammarion, 1922

p. 101 « Réveil », Blaise Cendrars, *Feuilles de route*, Denoël

p. 103 Guillaume Apollinaire, Conférence de L'Esprit Nouveau prononcée le 26 novembre 1917

p. 104 « Les Grenades », Paul Valéry, *Charmes* recueilli dans *Poésies*, Gallimard, 1922

p. 105 Guillaume Apollinaire extrait de « La colombe poignardée et le jet d'eau » in *Calligrammes*, Gallimard

p. 106 « Sept manifestes dada » de Tristan Tzara © Pauvert, département de la Librairie Arthème Fayard, 1979

p. 108 « La Courbe de tes yeux », Paul Éluard, *Capitale de la douleur*, Gallimard, 1926

p. 111 « Le Chant des partisans » , Maurice Druon, Joseph Kessel, éd. Breton, 1944

p. 113 « La compagne du vannier », René Char, in *Seuls demeurent* recueilli dans *Fureur et mystère*, Gallimard, 1948

p. 115 « L'huître », Francis Ponge, *Le Parti pris des choses*, Gallimard, 1942

p. 116 « Les enfants qui s'aiment », Jacques Prévert, *Spectacle*, Gallimard, 1951

p. 117 « Pour un art poétique (suite) », Raymond Queneau, *Le Chien à la mandoline*, Gallimard, 1965

p. 118 « Femme noire », Léopold Sédar Senghor, *Œuvres poétiques*, éditions du Seuil, 1964, 1973, 1979, 1984, 1990.

p. 118 Aimé Césaire, *Cahier d'un retour au pays natal*, Présence Africaine, 1939

p. 119 Alain Bosquet, aphorisme extrait de *Avoir empêche d'être*

Imprimé en France par Pollina en juin 2014 - L69002

N° L.01EJEN000950.N001

Dépôt légal : août 2014

Loi n° 49-956 du 16 juillet 1949 sur les publications destinées à la jeunesse